將最古老的智慧
用最自然生態來詮釋《易經》的哲學

宇宙間的符號

將難經雙為易經

第二輯

第一輯附易經原文

乙(天易)主講

錫淵筆錄編著

用易簡全新思維
帶你打開《易經》五千年來神秘面紗

國家圖書館出版品預行編目資料

宇宙間的符號/將難經變為易經(二) /太乙作　　初版.
臺南市：易林堂文化，2016.03
　冊；　　公分
　ISBN　978-986-89742-6-5(第一冊):平裝
　ISBN　978-986-89742-7-2(第二冊):平裝
　1. 易經　2.易學　3.研究考訂
121.17　　　　　　　　　　　　　　　　　105001729

宇宙間的符號/將難經變為易經(二)

作　　　者 / 太乙(天易)
筆錄編著 / 蕭錫淵
總 校 稿 / 太乙
總 編 輯 / 杜佩穗
執行編輯 / 王彩鱻
發 行 人 / 楊貴美
發 行 者 / 易林堂文化事業
出 版 者 / 易林堂文化事業
地　　　址 / 台南市中華南路一段186巷2號
電　　　話 / (06)2130327　傳　　真 / (06)2130812
郵局帳號：局號 0031204　帳號 0571561　戶名：楊貴美
電子信箱 / too_sg@yahoo.com.tw
2016年 3 月 17 日初版

總 經 銷 / 紅螞蟻圖書有限公司
地　　　址 / 台北市內湖區舊宗路二段121巷28號4樓
網　　　站 / www.e-redant.com
郵撥帳號 / 1604621-1 紅螞蟻圖書有限公司
電　　　話 / (02)27953656　傳　　真 / (02)27954100
定價單冊 :396元

本書的特色及應用原理

　　透過一陽一陰而創生一個太極的圖，才能順利發行。

　　《易經》是探討「陰陽變化」的書，從「易」的字眼上，是日與月的結合，是「日月」的變化；「易」應該是容易的經傳，但其錯、綜、複、雜、體、用、互、變之道理頗為深奧艱澀，已非是《易經》，而是「難經」。

　　而《易經》是什麼呢？它是一部既古老高深又新趣簡單容易的一部智慧的書。如以白話的解釋答案很簡單，《易經》是一部告訴您日出而作，日落而息的符號。《易經》是一本最古老的書，在中國的文化史上，地位始終獨占鰲頭、名列前茅被稱為「群經之首」、「文化之源」。它能在一個卓越的民族裏屹立不搖，長存於天地之間，必然有其獨特之處；最主要的原因是：它將天、地、鬼、神、人倫、地形、地物、方位、時間及中華民族的智慧思想，都用「符號」蘊藏在這部神秘的「經典」裏，是大自然種種現象的觀察及演繹。

孔子自言:「加我數年,五十以學易,可以無大過」。司馬遷《史記・孔子世家》也說:「孔子晚而喜易」,作序、象、繫、象、說卦、文言。讀易時曾「韋編三絕」,翻折斷了三次編繩,聖之使者的孔子,不難窺曉其對《易經》的重視,如此看重和標榜《易經》,引之為用作為行事的準繩,足可知《易經》之廣大精微。

本書「將難經變為易經」的課程是將《易經》日月陰陽之變化用傳統大家熟悉的十天干及十二地支與十個數字結合淋漓盡致的表現其義涵,內容有「理氣」與「象數」及「契機」三部分。

「理氣」稱之卦理或易理,為字義的解釋,以卦名、卦辭、爻辭及十翼之文字為重點,解釋其中文章的字義,亦稱為義理,如:師字為水侵伐土,為一帥九二掌兵權;比為親至比臨,九五為三軍統帥…等。理氣之易理提醒我們如何應用《易經》之理修心養性、如何克己、做人處事、趨吉避凶及所謂的奇門造運。

「象數」為應用符號,即是卦象的定律與變化;它可用來推論人的吉凶禍福,揭示「日月變化」發展

的趨勢；「契機」告訴我們「當下」即妙，勿拘泥於其中，尤其在時空與解象方面確實洩露了千古不解之謎與不傳之秘，提供了實用的基礎及實戰案例，與在台南市生活美學館上課由蕭錫淵、蕭大哥的實錄整理、編著。這麼特別的「學術著作」，當然值得大家花一些時間好好來研究探索。

而所謂的「契機」是利用當下的時間年、月、日、時、分，我們可應用在《易經》或應用在八字的基本宮位上，作為一個契機的引動，此時間契機，我們稱為《契機法》，又可透過看得到的一切人、事、地、物來取象、取卦，此法就如同傳統學術裏的「梅花易數」。

本書：「宇宙間的符號：將難經變為易經系列」第一集與二集的呈現，所依據的是《易經》的概論，套入天干、地支、數字的連結應用，而且也應用到「契機的取象」，要在當下同時出現的陰陽符號與干支事象中尋找出相關的「類化」線索；它不用任何資料，卻能了解天、人、地之變化，如同神通一樣，又與「心電感應」或是「通靈」有些類似，但不同的是又有明確的「時空卦象符號」可供參詳。表面看來，它與各種測知未來的命理哲學方法差不多。但特別的是本書

「將難經變為易經」與《八字時空洩天機》系列書籍之學術理論是一致的，是來至大自然之理，也兼顧理氣與象數、契機及體用，應用原理是合為一的，本套學術《易經》卦象應用之切入快、狠、準，卻讓求算者嘖嘖稱奇，常讓人誤以為是通靈。

　　《易經》的「易」字，首先，就指「變化」而言：任何變化都是由陽與陰兩種因素的消長所造成的。《易經》有六十四個卦，代表六十四種自然情性，每一卦有一個卦名，說明此卦的情境。原始的《易經》包括：六十四卦、六十四個卦名，以及三百八十四句爻辭。然而，我們現在看到的《易經》都加上了《易傳》。

　　不過，現代人聽到《易經》，所聯想到的可能就是：它可以用來占卜及算命嗎？沒錯，《易經》確實能教人如何應用占卜，但是占卜不等於算命，而是一種預知之學。而且除了占卜之外，《易經》還談論到日常生活中種種做人處事的道理，就如孔子在《繫辭傳》所說：「易經－百姓日用而不知」。

《易經》如何應用於日常的生活中，這就是本書籍「宇宙間的符號」，《將難經變為易經》所要詮釋的精華。傳統上如果應用於占卜，需要六個銅板或籌策，依一定程序，得出六個數字，形成一個大成卦（六爻卦），再看變爻來決定爻辭何在，也就是：先得數字，再由數字取得卦象（1乾、2兌、3離、4震、5巽、6坎、7艮、8坤）；有了卦象，再找出卦辭或爻辭。所謂卦、爻之辭，是指問題的答案在於那一卦辭，爻辭在那一爻辭，再翻閱《易經》經文找出卦的吉凶事項，但本書教您不再翻閱《易經》經文，就能馬上直接精準論斷應用。

　　本套書《易經》的理論來源是大自然生態法則、是大家可看得到、摸得到，不是空口無憑、不是用猜的；是由大自然之理的分析，不是空口白話的臆測、揣度，不是穿鑿附會，而是有學術理論，有論證程序，不能亂槍打鳥地瞎掰，是鐵口直斷而非信口胡謅，是言之有據而非誤打誤撞地矇上。《易經》是一切傳統知識的濃縮精華，是古代聖賢將對大自然現象的觀察與體驗，用符號記錄下來，用以對照人世間盛衰起落的變化；既是中華文化的聖典，也是命理學的「百王大法」，即使放諸千年、萬年後，其蘊含的深邃哲理仍是顛撲不破。

何謂陰陽?

從數的角度來說1、3、5、7、9為陽為奇數,2、4、6、8、10為陰為偶數,陰陽是構成宇宙萬物的基本元素,陽是向外擴張放射,陰是向內收縮隱藏;白天是陽、晚上是陰。就如同老師授課表達分享出來的是陽、是表現、是食傷、是乾、是台前,而蕭錫淵、蕭大哥辛苦筆錄整理編著是陰、是默默耕耘、是印星、是坤、是幕後,所以乾坤不一定代表男女,而是體、用及相輔相成的陰陽、顯藏互補的組合,所以整體架構,陽無陰不成事,只知動不知止,陽要搭配陰,陽是氣、陰是質;陽是言語、陰是文字,所以造就了食傷與印星,才能成就佳績、產生一個圓、一個太極;本書透過一陽一陰而創生一個太極的圓,才能順利發行。

本書的每一講皆是蕭錫淵、蕭大哥付出18個小時以上的時間筆錄、整理、補充、打字、編著所創生的成果,蕭大哥的辛苦無私的奉獻,不只是筆錄整理,還融入了心得以及珍貴的資料,使本系列書在陰陽的相對中,能讓大家在最輕鬆的氛圍下共同研究此大自然的一部「經典」。再度的感謝蕭錫淵、蕭大哥的筆錄整理編著,這一切所有的佳作皆是在一陰一陽、一顯、一藏的變化演進當中而誕生。

蕭大哥謝謝您、辛苦了!

宇宙間的符號「將難經變為易經」的課程，從104年3月起在國立台南生活美學館(前社教館)附設長青生活美學大學的上課實錄，由蕭錫淵師兄辛苦整理編著，除了完整的上課內容，並加入了蕭大哥的心得及補充資料，本書是104年度9月起的第二輯，從105年3月起第三輯之後是陸陸續續一連串完整的六十四卦卦爻、爻辭及四傳之精彩解說，用最生活化、最自然的論點剖析，希望各位同好帶著快樂學習的心，共同來研究，並「用之於生活、學易有成」

中華民國104年12月18日
歲次乙未年冬至前4日
太乙(天易)謹序

傳統五行的基本規律
此規律應用於六親之關係

1. 相生規律：

生為自然的本性，含有愛、關照、滋生、助長、扶持、促進成長的意義。五行之間，都具有互相滋生、互相助長、互相關照、互相扶持促進的關系。這種關係簡稱為「五行相生」。這種五行的相生用於求公式（十神法）上，而吉凶之論斷則以十天干及十二地支就是六十四卦自然之屬性為主。

傳統五行相生的次序：

木生火，火生土，土生金，金生水，水生木。
在五行相生的關係中，任何一行都具有生我，
我生兩方面的關係，也就是母子關係。

相生六十四卦之代表：

木生火
食傷：雷火豐卦☳☲、風火家人☴☲。
印星：火雷噬嗑☲☳、火風鼎卦☲☴。

火生土
印星：地火明夷☷☲、山火賁卦☶☲。
食傷：火地晉卦☲☷、火山旅卦☲☶。

土生金

印星：天地否卦 ䷋、澤地萃卦 ䷬、

　　　天山遯卦 ䷠、澤山咸卦 ䷞。

食傷：地天泰卦 ䷊、地澤臨卦 ䷒、

　　　山天大畜 ䷙、山澤損卦 ䷨。

金生水

印星：水天需卦 ䷄、水澤節卦 ䷻。

食傷：天水訟卦 ䷅、澤水困卦 ䷮。

水生木

印星：雷水解卦 ䷧、風水渙卦 ䷲。

食傷：水雷屯卦 ䷂、水風井卦 ䷯。

以上五行相生之卦共有二十四卦，此相生是傳統五行相生，非吉凶之代表，卦名為大自然五行互動的大象形態，也非吉凶之代表。吉凶以事項、問題為主體，卦之互動為結果論。

生我稱之為印星（父母）：

得到關照，扶持、權利、保護，即是給我，愛我，撫育我，庇蔭我，給我恩惠的地方，對我有助力的地方，是我被動接受的地方，也是一種天性、母愛，所以生我的五行，稱之為印星。

我生稱之為食傷(子孫)：

代表展現、辛苦，責任，勞心勞力的付出，我付出愛心關心的地方，我很心甘情願的付出，而且是積極、主動付出的地方，不求回報無怨無悔。

生我者為母、我生者為子。以木為例，生我者為水為印星，則水為木之母；我生者是火為食傷，則火為木之子。其它四行，以此類推。由於肝屬木，心屬火，脾屬土，肺屬金，腎屬水，結合五臟來講，就是肝生心，心生脾，脾生肺，肺生腎，腎生肝相互滋生和促進作用。

2. 相剋規律：

剋為慾望的追求，含有掌控、擁有、追求、制約、阻抑、克服的意義。五行之間，都具有相互掌控、相互擁有、相互追求、相互制約、相互克服，相互阻抑的關系，簡稱「五行相剋」。這種五行的相剋用於求公式(十神法)用之，而吉凶之論斷者以十天干及十二地支也就是六十四卦自然之屬性為主。(於八字十神洩天機中、下冊有詳細解說)

傳統五行相剋的次序是：

木剋土，土剋水，水剋火，火剋金，金剋木。
在五行相剋的關係中，任何一行都具有剋我、
我剋兩方面的關係，也是一種慾望的關係。

相剋六十四卦之代表：

木剋土

財星：風地觀卦、雷地豫卦
　　　　風山漸卦、雷山小過。

官星：山雷頤卦、地雷復卦、
　　　　山風蠱卦、地風升卦。

土剋水

財星：山水蒙卦、地水師卦。

官星：水山蹇卦、水地比卦。

水剋火

財星：水火既濟卦。

官星：火水未濟卦。

火剋金

財星：火天大有卦、火澤睽卦。

官星：天火同人卦、澤火革卦。

金剋木

財星：天雷无妄卦、澤雷隨卦、
　　　　澤風大過卦、天風姤卦。

官星：雷天大壯卦、風天小畜卦、
　　　　雷澤歸妹卦、風澤中孚。

尅我稱之為官殺(官鬼):

代表約束、名份,造就我,栽培我,鞭策我,我感恩的地方,無形助力的地方,我聽命的地方,是讓它予取予求的地方,是屬於被動控制,也是一種慾望、責任及壓力的表徵。

我尅稱之為財星(妻財):

代表追求、掌控,我立志謀取的地方,我造就別人、塑造別人的地方,是我強勢要求、主導別人影響別人行為的地方,代表我想要、想要擁有、想掌控的地方,是屬於主動控制,也是一種慾望的表徵。

結合五臟來講,就是肝尅脾,脾尅腎,腎尅心,心尅肺,肺尅肝,起著制約和阻抑的作用。

3.五行相同稱之比合:

比合:如同兄弟、比肩、劫財之關係,無輩份之分,平起平坐,互相牽引,有如同輩之互動與關心,人際關係好,彼此既合作也相互競爭。

同五行同陰陽六十四卦之代表的八純卦:

比肩卦: 乾為天卦☰☰、坤為地卦☷☷、
離為火卦☲☲、坎為水卦☵☵、
震為雷卦☳☳、巽為風卦☴☴、
艮為山卦☶☶、兌為澤卦☱☱。

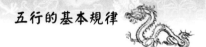

劫財卦： 天澤履卦☰☱、澤天夬卦☱☰、
　　　　 山地剝卦☶☷、地山謙卦☷☶、
　　　　 雷風恆卦☳☴、風雷益卦☴☳

比肩屬公平競爭，因公平無防備之心，損失更大。
劫財屬於暗鬥，因暗鬥，彼此有防備，損失較小。

4・五行制化：

　　在五行相生之中，同時寓有相剋，即生中有剋，
代表我為了生存，必須承擔壓力，在相剋、限定之中，
同時也寓有相生，即剋中有生，代表目前的責任壓
力，是為未來的發展，這是大自然界相互變化的規律。

　　如果只有相生而無相剋，就不能保持正常的平衡
發展；有相剋而無相生，則萬物不會有生化。所以相
生，相剋是一切事物維持相互平衡的兩個不可缺少的
條件。只有在相互作用，相互協調的基礎上，才能促
進萬事、萬物的生生不息。

　　例如，木能剋土，但土卻能生金制木。木種在土
裏雷山小過☳☶，相附共存，木從土裏得到養份成
長，而結成果實（金）澤雷隨☱☳。因此，在這種情
況下，土雖被剋，但並不會發生衰退，反而能穩定木

的根基，所以在六十四卦中只是小過，因木剋土是天經地義之事。

　　火剋金，火因慾望想掌控金，我們稱之火驅動金，而火讓金奔波勞碌，而金能生水剋火，水為晚上之情性，水一出現，火的能量即減弱，無法在驅動金，金也即將功成身退，不再因火而一直動的不停。
其它土、金、水都是如此。

　　古人把五行相生寓有相剋和五行相剋寓有相生的這種內在聯繫，名之曰「**五行制化**」。

「五行制化規律」以大自然生剋法則的具體情況如下：

◎**木剋土，土生金，金剋木**。木種在土壤大地裏，木、
　　土相附共存，木從土裏得到養份成長茁壯，而結
　　成果實（金）。

◎**火剋金，金生水，水剋火**。太陽驅動氣流、雲霧、
　　風，風生水起產生雲霧、雨露，雲霧、雨露讓太陽
　　不見光明情性。

◎**土剋水，水生木，木剋土。**土地吸收了水份，來蘊
　養花草樹木，花草樹木在土地上成長茁壯。

◎**金剋木，木生火，火剋金。**木結成果實（金）後，木
　體衰弱而死亡，死亡的木已沒有生命才能生火（所
　以一般而言木生火是錯的，而是火來生木，只有在
　求公式（十神法）、六親對待關係才會用到木生火），
　火能量溫度驅動了風、氣流。

◎**水剋火，火生土，土剋水。**下雨而使太陽蒙蔽，光
　明不在，太陽出來普照大地土壤，大地吸收了水份
　來蘊養萬物。

5．相乘規律：

　　乘，是乘襲也是一種在上者、擁有之意，在卦
中以陰爻在陽爻之上稱為乘剛。從五行生剋規律來
看，是一種病理的反常現象。

　　相乘與相剋意義相似，只是超出了正常範圍，達
到了病理的程度。相乘與相剋的次序也是一致的。即
是木乘土，土乘水，水乘火、火乘金，金乘木。如木
剋土，當木氣太過，金則不能對木加以正常的制約（樹
葉茂盛無法結成果實），因此，太過無制的木乘土，

即過強的木剋土，土被乘更虛（養份不夠），而不能生金（果實），故金虛弱，無力制木。

6. 相承規律：

承是奉上之意，是在下位者對上位者的一種表現。在卦中是以鄰近下面一爻對上面一爻稱承，於六十甲子是以地支對天干而言，所以相乘是上乘下，而相承是下承上，兩者意義相似，其實是一種角度的綜卦原理。如：甲子是水承木、壬寅是木承水、乙丑是土承木、己卯是木承土、丙寅是木承火、甲午是火承木…等。

7．相侮規律：

侮，是欺負的意思。從五行生剋規律來看，與相乘一樣，同樣屬於病理的反常現象。但相侮與反剋的意義相似，故有時又曰反侮。相侮的次序也與相剋相反，即是：木侮金，金侮火，火侮水，水侮土，土侮木。

以上相乘、相承、相侮的三個規律，都會在人、事、地、物及病理情況下產生，而易卦、命理、五行就是因在這三個規律產生，太過和不及出現的反常現象，演化出生離、死別、喜怒、哀樂。

五行之間的生剋制化

　　我們所接觸的五行有分為實體及無形體，實體為看得見摸得到的物體，我們稱之為質，也是一種地象，即在土地上形成的物質。而無形之體就是即是看不見也摸不著，但又與我們息息相關的磁場，我們稱之為氣，這也是一種天象，即在天上形成的氣的現象，也可說是一種能量、磁場，如果我們用科學原理來看，當指南針出現時，就已經清楚的指出能量、磁場存在的事實，加上後來的科學家，牛頓，所提出〔萬有引力〕之物理定律學說，更是直接肯定證實了能量、磁場的存在。

　　當人出生在這世界上，呱呱落地之時，由於出生之時間，空間上的差異不同，造成所接收的磁場也不同，伏羲發明了陰▬▬、陽▬ 定律，產生八卦、指南針發明之傳說人物，〔**黃帝**〕，不但發現磁場，也將這磁場細分為有陰陽之別的十天干和十二地支將它融入八卦的360^0圓周裏，而天干地支就是為了方便演算出這八卦五行的旺衰變化而制定。所以學《易經》必須瞭解天干、地支，反之學天干、地支也必須瞭解《易經》，此皆是以陰▬▬、陽▬ 定位之後的五行為根本，五行之間的生剋變化，構成了萬物和磁場之間的互相作用，為萬物循環不息的源頭。

五行的相生相剋,也就是天地萬物之間的相生相剋,不管動物或植物,甚至是被認為沒有生命的水和火,都一樣必須依靠其它別種元素的孕育,在相生之中,成長受到幫助,在相剋之中,代表互相影響激勵、協調、約束、排斥、改造或抑制,這種生中有剋(為了生存,要勇於適應環境),剋中有生(為了將來的成就要先付出、努力學習)由衰而盛(從長生到帝旺,剛柔始交而難生),由盛而衰(由帝旺到衰、病、死、墓、絕、胎、養又回歸到長生位),的變化,維持著萬物之間的發展與平衡。

以下的五行十組生剋制化的關係,演變出不同的六十四卦組合,也就是說,同一組的生剋關係,會產生不同的演義,同一個六十甲子的情性,也會產生不同六十四卦的演變,這個道理讀者不可不知。

五行相生

9 0
水

1 2
木

五行相生圖
生就是關照、
滋生、助長、
扶持、成長

7 8
金

3 4
火

5 6
土

生為自然的本性，含有愛、關照、滋生、助長、扶持、促進成長的意義

木生火：

　　以自然天象來說：寅時太陽升起，稱之木生火，而非真正用木去燃燒生火。是火來生木，是太陽火出來造就木的成長茁壯，太陽普照大地孕育萬物，**稱之雷火豐**☳☲。人們感受到太陽的溫度、能量，進而開創新的契機，也造就了企圖心與成就感。

　　以地象來說：死木才會生火，活木是不生火的，而且木生火是倆敗俱傷。**稱之火雷噬嗑**☲☳。

　　火之所以能持續燃燒，除了依靠空氣之外，還需依靠木，才能繼續維持下去，在未發現天然氣之前，我們的祖先即是以乾柴、乾草來生火，對過去的人而言，木為最原始最好掌控火候的生火原料。**也稱火風鼎**☲☴。

　　木生火之人：喜歡說教，較有主見，主觀意識強，想法創新獨特，有開創研發的能力，能無中生有，也有受到傳承而再創新的能力。

火生土：

以自然天象來說：太陽、溫度附於大地能量、磁場，而造就萬物成長，**稱火地晉☲☷**；到了酉時（丙辛合）太陽任務完成功成身退，落入地平線，**稱地火明夷☷☲**。到了明天寅時，太陽又再次昇起，**稱之火山旅☲☶**。

以地象來說：火的特性為燃燒，而在燃燒過後的產物，將和大地成為一體，被土地吸收，為土地所用，被火燃燒過後的東西，其質地也比其他未經燃燒之物還要接近土的本質。

火生土之人：不安全感重，操作慾強，怕失去，不易死心放手，利益觀念重，較實際，初期較會配合，而後期想掌控全盤，是屬於悶騷型。

土生金：

以自然天象來說：高山戊土聚滿雲霧，水蒸氣辛金是經太陽照射在大海而形成，此時會往山上漂浮棲息，形成密雲不雨的現象，**為山澤損之象☶☱**。而高山戊土藏了很多的礦產，**稱之山天大畜☶☰**。以上都稱之土生金。

　　以地象來說：大地為孕育萬物之搖籃，除了生物之外，大地也孕育出與生物之本質迥然不同的礦物、金屬，金屬為大地的一部份，自大地而出，是經過非常久遠的時間，集大地之精華所孕育而成。

　　土生金之人：是緩緩穩定的成長型，會將東西轉變成有價值，喜歡增值、長利息的投資，在老事業作新變化而獲利，是一種承接的格局。

金生水：

　　以自然天象來說：當太陽丙火照射在海洋，而形成雲霧辛金與氣流庚金；辛金雲霧聚集又從天而降，稱之金生水。辛金雲霧聚集於戊土高山中，**稱之澤山咸**，遇到溫度轉化為水，也稱之金生水，**為天水訟之象**。

　　以地象來說：金屬性涼，能聚水氣，金屬能防止水氣蒸發流失，又不易損壞，為保存水的最佳容器，**稱之澤水困**。

　　除此之外金屬在經燃燒熔解之後也兼具水之流動及變化的特性，也就是說五行中，性質最接近水，對於水最有助力的，就是金了。

金生水之人：在思想上有時容易一頭霧水，外人不易猜透、自己也不知道為什麼，容易搞神秘，行動上外人也不易搞懂他在做什麼。

金生水時間長，故容易祕密放在心中（**稱之澤水困**），不喜歡別人知道。

水生木：

以自天象來說：水資源癸水從天而降，造就花草樹木的成長茁壯，人們也因有水而得以生存，**稱之水風井**☵☴；但也因過多，過大的水（壬水），而來使花草樹木損傷，**稱之水雷屯**☵☳。

以地象來說：樹木花草，無法只靠單一元素來維持生存，之前曾提過萬物皆由大地而出，五行之木也不例外，但特別的是，有些植物只要水和空氣即使沒有土也能存活，反過來則就不行了，植物沒有水是無法生存的，因此五行之中，木必須水來滋養才能成長，**稱之雷水解**☳☵。

水生木之人：愛思考、有投機心，喜攀附而成長，是順應時勢型，付出有其目的，想掌控、獲利，利益觀念重，較會精打細算，也較小心、膽小。

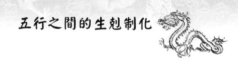

五行相剋

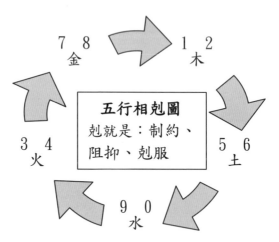

五行相剋圖
剋就是：制約、
阻抑、剋服

7 8
金

1 2
木

3 4
火

5 6
土

9 0
水

　　剋為慾望的追求，含有制約、阻抑、剋服的意義。五行之間，都具有相互制約、相互剋服，相互阻抑的關系，簡稱「五行相剋」。

木剋土：

　　以自然天象來說：木剋土如先天的震宮與後天的艮宮**稱之雷山小過**。木成長除了要有溫度、水份之外，還要有良好的環境，即所謂的土，才能造就木在土上順利成長，**稱之為風山漸**，漸者慢慢而長，自然可以亨通。

　　以地象來說：所有在土地上，必須依附土壤才能生存的植物，就是靠著吸取土壤中的養份及水份，來成長茁壯，但也代表土地必須持續提供每種植物所需

要的不同營養與水份,直到收成或冬季休眠才得以休息復原,**稱之地雷復**▤▤;植物盤根之時有深入地下,抓住土壤來吸取其養份的特性(木抓土),**稱為雷地豫**▤▤。由此可知樹木和植物對土地的影響有多大,土受制於木,木也必須依賴土才能成長,即所謂的剋中有生,生中有剋之理。

木剋土之人:善於規劃,在思考上想的慢,因木是緩緩的成長,在行動上緩緩的做,緩步增加,若長成森林,則不易撼動,穩定性高,不易改變,善於整理分析。

土剋水:

以自然天象來說:是水剋土,自古以來大自然都是水剋土。因為水會剋土,所以人們在建造房子時,會將土地增高,以防止水入侵;水也是主盜寇,盜寇會入侵家園,稱之水剋土,所以請了保全人員防止盜寇入侵,稱之土剋水,**為地水師**▤▤。

以地象來說:土壤除了釋放提供養份之外,也兼具吸收及含帶其他元素的特點,而這個特點在水的元素中更是發揮的淋漓盡致,能包含容納水的器具,但能防止大水所帶來的災害,卻只有用土建成的堤防,

用土築成的水道，土不僅在治水上扮演著重要角色，更為剋制洪水氾濫成災的主要元素，**稱之水山蹇**☷☶。

土剋水之人：易有兩種特質，為爛泥者是較無鬥志之人，如同己土與癸水之關係，或是為引渠道之人，如同己土與壬水之人，此種適合經商，在思想上易不切實際，在行動上則較為務實。

水剋火：

以自然天象來說：水為雨露，當下雨之時，太陽的光芒是會不見的**稱為水火既濟**☵☲，此象也有火的情性消失又**稱火水未濟**☲☵；當晚上的時候(水)是看不到太陽的(火)，**稱為火水未濟**☲☵。

以地象來說：火為向上揮發，水為向下覆蓋包容，兩者屬性相反，特質迥異，互為衝突，但在兩者棋鼓相當的情況下，火之本質和水相互衝擊之後會消失，而水只不過是改變形態，存在不同的地方而已，一滅一存，勝負立判，雖然隔絕空氣也能斷絕火源，但也只適用於小火上，因此不管在那個時期，水皆為控制、撲滅火勢的最佳選擇。水火交戰，產生了蒸氣、氣流，**稱之水天需**☵☰。

水剋火之人：在思考上想法多且快，善變，行動能力強，做事無一定規章，手法多變，較重視自己人，有雙重個性，對團體內部較重視，且也重服務，有些極端，容易有玉石俱焚的特性。

火剋金：

以自然天象來說：丁火會剋金，而丙火是生金的。乃當太陽丙火升起時，照射在海平面上，會產生水蒸氣(辛金)，及氣流、風(庚金)，**稱之火天大有☰☰**。所以以自然天象來說是火生金，而當雲霧辛金密佈時，會遮住太陽，**稱之火澤睽☲☱**，所以必須透過丁火(霧燈)之照射，才能除霧，**此為澤火革☱☲**，稱之火剋金。

以地象來說：真金不怕火煉，是說明再強的火也沒有辦法改變金屬的本質，但金屬要成為有用之器或是要改變其形態，就必須依靠火來鍛煉成就(**澤火革☱☲**)，如以擬人化的方式來看待，在這鍛煉成器的過程中，必定要承受很大的痛苦，才得以脫胎換骨(**火天大有☰☰**)，換而言之，火能造就金器，但也能毀掉金器，再堅硬的金屬都必須向丁火來臣服，因為能徹底控制改造金屬的現狀和形體的也只有丁火了。

火剋金之人：人際關係佳，愛漂亮、完美主義者，不論思考或行動皆是屬於非常注重外表是否漂亮的人，凡事都以往符合火剋金之人的美學方向進行，個性謹慎，動作較緩慢、作事會拖泥帶水，外表氣質好且樂觀，因個性好勝，所以不喜歡被別人猜中心中的想法，因此容易故意和人唱反調且調皮愛整人，**稱之火澤睽**。

金剋木：

以自然天象來說：金為自然界的風、氣流、雲霧，會損害其木的成長，稱之金剋木，**為天雷无妄**；金也代表果實，木從耕耘到成長，即將結成果實時，**此稱天風姤**，木體即開始衰退，也稱之金剋木，**為雷澤歸妹**。

以地象來說：金剋木與火剋金有雷同相似之處，火雖剋金使其變形，但也造就金之新象，使其成器，而金剋木也同樣的是，金雖然砍下木，割下植物，強制改變木的現狀，但也同時能修削、雕刻木或植物使其成為棟樑之材或有用之器，但木是最為接近生物之五行，擁有生物孕育、成長、衰退、死亡的特性，也因此也顯現出金剋木與火剋金相異之處，金非生物，火無法使它死亡、滅絕，但金能掘其木之根部，斷其生路，使其死亡，由此可見金對木之影響有多大。

　　金剋木之人：在思考上比較實際，面對事態的判斷可用快、狠、準來形容，本身的行事作風亦是如此。

五行相生、相剋之簡要

五行	五行相生	五行相剋
木	木生火，木為生火之元素，火需依附在木上才能持續燃燒。	木剋土，木能深入土中，抓住土壤，吸取土地之養份。
火	火生土，經火燃燒之後的餘燼即成為土的一部份。	火剋金，火能使金屬融化、改變形體，成就它或毀掉它。
土	土生金，金由土孕育，集土之精華才能生成，金自土而出。	土剋水，土為治水之重要元素，能成堤防，阻止水氾濫，水也能侵伐土。
金	金生水，金為涼性，易聚水氣，為盛水之最佳容器。	金剋木，金之器具能掘起植物的根部，決定它的生死，金成為木的果實。
水	水生木，水為植物生長茁壯之主要元素，缺則不存。	水剋火，水能減弱火勢為撲滅火源的最佳元素，水火交戰產生氣流、蒸氣。

五 行 體 系 表

水	金	土	火	木	五行
腎	肺	脾	心	肝	五臟
冬	秋	四季	夏	春	季節
藏	收	化	長	生	生化過程
寒	燥	濕	熱	風	五氣
北	西	中	南	東	方位
骨	毛皮	肉	血脈	筋	五體
黑	白	黃	紅	青	五色
鹹	辛	甘	苦	酸	五味
恐	憂	思	喜	怒	五志
耳	鼻	口	舌	目	五竅
唾	涕	涎	汗	淚	五液
鬚	毛皮	毫體	髮	眉	五毛
腐	腥	香	焦	臊	五臭
羽	商	宮	徵	角	五音
呻	哭	歌	笑	呼	五聲
慄	欬	噦	悲	握	變動
志	魄	意	神	魂	所藏
六一	九四	十五	七二	八三	其數
脊腰	背肩	四肢	胸肘	頸脅	病所
沉	浮	緩	洪	弦	五脈
膀胱	大腸	胃	小腸	膽	合腑
壬癸	庚辛	戊己	丙丁	甲乙	十干

五行生剋規律表

木	木賴水生 水多木漂	木能生火 火多木焚	強木得火 方化其頑	木能剋土 土重木折	木弱逢金 必為砍折
火	火賴木生 木多火熾	火能生土 土多火晦	強火得土 方止其焰	火能剋金 金多火熄	水能剋火 火旺水乾
土	土賴火生 火多土焦	土能生金 金多土變	強土得金 方制其害	土能剋水 水多土流	土衰逢木 必遭傾陷
金	金賴土生 土多金埋	金能生水 水多金沉	強金得水 方挫其鋒	金能剋木 木堅金缺	金衰遇火 必見銷熔
水	水賴金生 金多水濁	水能生木 木多水縮	強水得木 方泄其勢	火弱逢水 必為熄滅	水弱逢土 必為淤塞

　　以上「傳統五行的基本規律，此規律應用於六親之關係」節錄「八字時空洩天機-風集」雅書堂出版，五行生剋學說篇105頁至118頁「五行的基本規律」，並加入易卦套入五行之詮釋，方便銜接課程，最主要為「詮釋《易經》五行生剋的定律，讓您知道《易經》是由大自然而來」。

　　「八字時空洩天機」系列有諸多的契機法及實例之應用解讀，是本書「宇宙間的符號:將難經變為易經」的實戰應用必讀之書籍。

《易經》導讀築基篇

（本講導讀節錄自本人著作《姓名、《易經》、心易占卜解碼全書》

第一節. 二儀、四象、八卦演義圖：

太極本身就是一個混沌，看不到大到有多大的宇宙統稱，孕藏無數億億萬億的球體生物，小小到不到的無數億億萬億分之一的生物。如以一個圓，就像是雞蛋，蛋破開就像混沌初開，蛋黃和蛋白就是太極中的兩儀，兩儀即是陰、陽，用符號來做代表可分為陽爻 ▬ 與陰爻 ▬▬，陽爻「主動、變化」，代表「放射」，陰爻「主靜、隱藏」，代表「接收」；有「放射」也有「接收」，兩者配合才能使生命一直持續下去。

陰、陽就是日、月、也是白天與晚上，就是天、地稱之「兩儀」，「兩儀」創造了四季之變化，稱之「四象」，「四象」在一圓周的八個方位產生了不同的寒暑冷熱變化，稱之「八卦」；「八卦」再這360°的圓周創造了萬物，因此生命由此開始，所以說先有蛋再有雞。

如以陽代表1、陰代表0，用數學的二進位法，爻位由下往上是代表下是根基力量最多，中間代表過程，上面為成果力量為最小，所以最上面為1，中間

就為 2，下爻就為 4，這是正△形的一種穩定基象，所以☰（乾卦）為 111，則 1+2+4=7；☱（兌卦）為 110，則 0+2+4=6；☲（離卦）為 101，則 1+0+4=5，☳（震卦）為 100，則 0+0+4=4，☴（巽卦）為 011，則 1+2+0=3；☵（坎卦）010，則 0+2+0=2；☶（艮卦）001，則 1+0+0=1；☷（坤卦）000，則 0+0+0=0。所以以乾之能量 7 最大，因此排序在 1，兌之能量為 6 排序在第 2，離之能量為 5 排序在第 3，震之能量為 4 排序在第 4，巽之能量為 3 排序在第 5，坎之能量為 2 排序在第 6，艮之能量為 1 排序在第 7，坤之能量為 0 排序在第 8，此為 1 乾（☰），2 兌（☱），3 離（☲），4 震（☳），5 巽（☴），6 坎（☵）7 艮（☶），8 坤（☷）。所以這八卦的演義產生了卦序，每一個卦蘊含了天、地、人三才及專門術語，必須牢記住。

八卦的符號有個固定的背誦口訣：「**乾三連，坤六斷，震仰盂，艮覆碗，離中虛，坎中滿，兌上缺，巽下斷。**」這八卦稱為「經卦」，表示基礎之意。八卦又分「先天八卦圖」與「後天八卦圖」，都是由這八種符號所組成，先天為「體」，為天地造物所形成的自然、地形、地物，為不變的原則；後天為「用」，為人為的因素所形成的地形、地物，也代表季節、時間、方位。一般陰陽宅之方位應用大多用後天八卦。

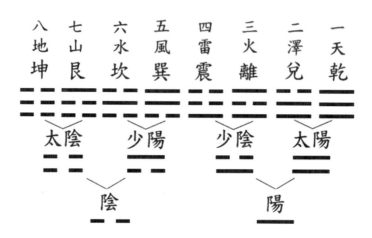

太極

第二節. 先天八卦數字概念

　　先天八卦的順序由第一節的 2 進位法得知乾
1、兌 2、離 3、震 4，此剛好初爻(下爻)都為陽爻，
故分佈於陽氣之地，卦序為 1.2.3.4 為陽從左邊團
團轉，由震 4 初爻一陽，順時鐘到離 3 二陽分開，
到兌 二陽在一起，再到乾 1 三陽是為陽極之能
量，再順時鐘 5 巽 初陰生，到 6 坎 二陰分開，再
順下到 7 艮 的兩陰集結在一起，直到 8 坤 的三
陰。所以由巽、坎、艮、坤分佈於陰氣之地，所以初
爻為陰，卦序為 5.6.7.8 為陰從右路轉相通。

伏義仰觀天象，俯察地理而創造出代表大自然規律的八個符號，稱之「宇宙間的符號」就是八卦，它是由中國之地形、地物及天象而來，人出生的八字就像八卦一樣，由夫妻交媾所衍生的子女，再衍生六十四卦，就成了子子孫孫；天干甲己合定位就如一六共宗水，乙庚合就如二七同道火，丙辛合就如三八為朋木，丁壬合就如同四九為友金，戊癸合就如五十同途土，如此衍生出萬世、萬物之象，如同代代相傳。

第三節. 先天八卦圖

此圖是人背向北、面向南方，以太陽為座標所定出來的八卦方位。中國的大江河流都是發源於西部地域，江河由西向東流。我們所站之處為地，上面是天，

左手為東方是太陽升起之處；右手為西方，則是月升之處。依此來看中國地理，西方為坎☵水，太陽離☲火從東方升起就離開東方，東南被海包圍，所以東南為兌☱沼澤、湖泊，西北多山，所以西北艮☶山，西南多風，所以西南為巽☴風，東北多雷（地震），所以東北為震☳雷。中國向明而治，就成天在上、地在下，如此天南、地北，乾坤定矣。

「先天八卦圖」（見上圖）據說是伏羲依大自然的現象所畫，從哲學的觀點來看，當宇宙萬物還未形成之前，即所謂的「先天」，當有了宇宙萬物，就形成了所謂的「後天」。先天八卦是記載宇宙形成的大現象也是在講人的根基，上為乾為天為南，下為坤為地為北，代表天與地，在中國之四合院都是坐北朝南，北為暗，南為明，內往外一看，凡事都清清楚楚；左為離(日)，右為坎(月)，代表火與水，意即日與月運行之路線，太陽由東升至西而下。

左上角為兌是百姓生活必用的水資源。右上角為巽,是為有生機之生命的延續,代表澤與風;左下角為震是生命形成,右下角為艮是阻隔水侵伐,為保護生命的屏障,代表艮為山;〈說卦傳〉所云:「天地定位,山澤通氣,雷風相薄,水火不相射,八卦相錯。」圖中是個圓形的混沌,內有陰陽的太極圖,白色稱為陽,陽中有個黑點,此稱為陽中有陰;黑色部分稱為陰,陰中有個白點,此稱為陰中有陽,此是代表陰陽爻交媾生成萬物。太極圖一般稱之為陰陽魚,黑點與白點都象徵魚的眼睛。黑色與白色之間是互相形成一個圓,彼此向對方產生運動、進展、交媾,而形成自然萬物;亦即所謂天、地,日、月,水、火,湖海、江河、風氣、雷電、樹木、高山、峻嶺。

韓國國旗正是先天八卦圖中的四卦。其四卦是指乾、坤、離、坎,正好分布於上下左右,代表的是「天地日月」。離卦用以象徵太陽,白天大放光明,或色

彩斑爛的文明表現，美、亮麗。

　　先天八卦圖有據可查的起源是宋代。北宋邵雍在《皇極經世》中記載了這種排列，他死後不久就有先天八卦圖流傳。邵雍是否為先天八卦的作者，一直存在爭議。先天八卦的方位與後天八卦為何不同？有人認為先天八卦反映了世界未產生前的景象，而後天八卦則相反。也有人認為先天八卦和後天八卦分別代表了時間和空間的概念，如清人張潮〈幽夢影〉中即有「先天八卦，豎看者也；後天八卦，橫看者也」之句。

　　《易經》總共有六十四個卦，代表大自然的六十四種情性，這些卦都是由下往上六條橫線所組成的。《易經》的「易」字，就是指日、月「交媾」。而任何的交媾都是由陽與陰兩種因素的消長所造成的。「爻」這個字代表「變化」，在描述變化的放射與接收。「卦」，則是代表在我們眼前的自然現象。當大自然出現變化時，人類要如何用原始本能因應？如何趨吉避凶？

　　《易經》是一套陰、陽符號系統，本身用八個符號來作為基本的元素，在由這八個符號相錯成六十四

個卦，用卦象來代表每一個自然環境或特定狀態，然後再藉由卦象的「交媾」與「變化」，引証未來「結果」。六十四卦，每一卦有一句卦辭，說明此卦的代表意義；此外，每一卦有六爻，每一爻有一句爻辭，說明此爻的過程與結果。《易經》包話：六十四卦、六十四句卦辭，以及三百八十四句爻辭。換句話說，十天干及十二地支其二十二個符號在詮釋《易經》六十四卦於四季當中的現象變化，再將干支的陰陽相疊成為六十甲子，此六十甲子是將《易經》六十四卦用六十週天循環來表述，表述著六十種自然的情境。

易經六十四卦圖表

坤(地)	艮(山)	坎(水)	巽(風)	震(雷)	離(火)	兌(澤)	乾(天)	←上卦 ↓下卦
11. 地天泰	26. 山 天大畜	5. 水天需	9.風 天小畜	34.雷 天大壯	14. 火 天大有	43. 澤天夬	1. 乾為天	乾 (天)
19. 地澤臨	41. 山澤損	60. 水澤節	61.風 澤中孚	54.雷 澤歸妹	38. 火澤睽	58. 兌為澤	10. 天澤履	兌 (澤)
36.地 火明夷	22. 山火賁	63.水 火既濟	37.風 火家人	55. 雷火豐	30. 離為火	49. 澤火革	13. 天 火同人	離 (火)
24. 地雷復	27. 山雷頤	3. 水雷屯	42. 風雷益	51. 震為雷	21.火 雷噬嗑	17. 澤雷隨	25.天 雷无妄	震 (雷)
46. 地風升	18. 山風蠱	48. 水風井	57. 巽為風	32. 雷風恆	50. 火風鼎	28. 澤 風大過	44. 天風姤	巽 (風)
7. 地水師	4. 山水蒙	29. 坎為水	59. 風水渙	40. 雷水解	64. 火 水未濟	47. 澤水困	6. 天水訟	坎 (水)
15. 地山謙	52. 艮為山	39. 水山蹇	53. 風山漸	62.雷 山小過	56. 火山旅	31. 澤山咸	33. 天山遯	艮 (山)
2. 坤為地	23. 山地剝	8. 水地比	20. 風地觀	16. 雷地豫	35. 火地晉	45. 澤地萃	12. 天地否	坤 (地)

　　先天八卦圖與能量數字搭配，由 7、6、5、4、3、2、1、0 相加為 28，2 加 8 為 10，1 加 0 為 1，此為伏羲一劃開天地，又先天八卦與卦序形成一種特定結構（見下頁圖）。把卦序數字寫在八卦圖的每一個卦上，則可見其對角線皆為 9。由乾卦開始往左算是 1、2、3、4，再來由右邊的巽卦往右算，是 5、6、7、8，這八個數字中，屬於陽性卦的是乾（父）、震（長男）、坎（中男）、艮（少男），其數字為 1、4、6、7，其和為 18，1 加 8 有是 9。屬於陰性卦的是坤（母）、巽（長女）、離（中女）、兌（少女），其數字 8、5、3、2，其和也是 18，1 加 8 也是 9，再將陽性卦與陰性卦 18 加 18 為 36，然後 3 加 6 又是 9，3 為乾卦☰ 3 的數、6 為坤卦☷ 6 的數，所以坤數用六、乾數用九，乃乾是包含了坤，故用九。像這種情況顯得很神奇，也促使我們想進一步探討《易經》的奧秘。

2 兌	1 乾	5 巽
3 離		6 坎
4 震	8 坤	7 艮

後天八卦也可以排列成數字的關係，即是所謂的「洛書」：「靈龜出乎洛，龜身甲折具四五數。戴九履一，左三右七，二四為肩，六八為足，而五居中。聖人則龜身之折，文書為洛書。」其意如下圖。

九宮數在數字排列上，無論是直行相加、斜角相加、橫行相加，其數皆為 15。這種結構組合，使許多研究數學的人深感興趣。

巽 4	離 9	坤 2
震 3	5	兌 7
艮 8	坎 1	乾 6

第四節.後天八卦及代表的天干、地支

後天八卦，主要是從先天八卦所產生的天象、地形、地物與「方位」、「五行」相互交媾產生的。八卦配五行、陰陽，震與巽為木，震為甲、寅為陽，乙、卯為巽為陰，離為火陽爻為丙、巳，陰爻為丁、午，坤與艮為土，坤為己、未、辰為陰土，艮為戊、戌、

丑為陽土稱之為山；兌與乾為金，乾為庚、申為陽，兌為陰為辛、酉；坎為水，陽爻為壬、亥水，陰爻為癸、子水；而且東南西北四個方位來說，也代表四季，即為春夏秋冬。

後天八卦據說是周文王所畫。孔子在《說卦傳》第四章談到：「乾以君之」、「坤以藏之」、「艮以止之」、「風以散之」、「雷以動之」、「兌以說之」、「日以晅之」、「雨以潤之」，中國位居東半球北部，所以周文王觀察乾（天）的正中位置在西北，乾卦象徵天道；而坤（地）則位於西南，坤卦象徵地道；艮為山，接近天，在東北，艮為嚴寒之域；巽為齊平，近地一陰順伏於下，使陽出於外，在東南，春夏大地可藉風的傳播使草木茂盛。

震在東，太陽由此地昇起，萬物就會隨之而動，雷也將天之能量存於地中；兌在西，兌是收成之季，因有果實而喜悅；離在南，離卦火照耀萬物，為大地帶來能量磁場；坎在北，雨為坎卦，可滋潤萬物，使花草樹木蓬勃而生。

文王八卦圖依天、地、山、澤、雷、風、水、火，相互交錯排列，並以震為始、艮為終，做為應用道理。

其圖如下：

　　後天八卦圖在〈說卦傳〉裡有生動的描述：《說卦》曰：「帝出乎震，齊乎巽，相見乎離，致役乎坤，說言乎兌，戰乎乾，勞乎坎，成言乎艮。」此由「震」出發，順時針經巽、離、坤、兌、乾、坎、艮回到震位的順序一致。後天八卦方位與東南西北方位存在著一一對應的關係：震、離、兌、坎分別代表東、南、西、北，餘下四卦巽、坤、乾、艮則分別為東南，西南，西北，東北。也反映了中國古代製作地圖的傳統方式：上南下北，左東右西。這個方位與西方傳入的現代製圖方向正好相差一百八十度。

以方位的口訣來說:「左青龍,右白虎,前朱雀,後玄武。」將人(木)立於中宮戊、己土之地,其色為黃。

◎震在左邊,在東方代表木,其色為青,象徵的動物為龍,稱之左青龍;

◎兌在右,在西邊為金,其色為白,象徵的動物為虎,稱之右白虎;

◎離在前方在南為火,其色為赤為紅,象徵的動物為朱雀,稱之前朱雀;

◎坎在後方在北方為水,其色為玄為黑,象徵為龜與蛇,稱之後玄武。

由五行推到五色,自然可以再推到五味,依序是:酸(木)、苦(火)、甘(土)、辛(金)、鹹(水);人身器官,則依序為:肝、心、脾、肺、腎。

以下表格為五行、八卦十天干、十二地支類化取象推演之整理圖表:

八卦的基本類化取象圖表

坤	艮	坎	巽	震	離	兌	乾	卦名
地	山	水	風	雷	火	澤	天	象名
8	7	6	5	4	3	2	1	卦序
1	6	7	2	8	3	4	9	先天卦數
洛書數								
2	8	1	4	3	9	7	6	後天卦數
土	土	水	木	木	火	金	金	五行
己	戊	壬癸	乙	甲	丙丁	辛	庚	天干
辰未	丑戌	子亥	卯	寅	巳午	酉	申	地支
西南	東北	北	東南	東	南	西	西北	方位
夏末	冬末	冬	春末	春	夏	秋	秋末	季節
6~7	12~1	11~12	3~4	1~2	4~5	7~8	9~10	月份
母	少男	中男	長女	長男	中女	少女	父	人物
陰	陽	陽	陰	陽	陰	陰	陽	陰陽
陽逆	止萌	陷養	和狂	動壞	麗段	悅憎	健衰	屬性
皮膚	鼻	耳	股	四肢	眼	口	頭	身體
胃部	脾膽	腎臟系統	腸	肝中樞神	心	肺	腦	內臟
鬼門	生門	休門	杜門	傷門	景門	驚門	開門	八門方位
二黑	八白	一白	四祿	三碧	九紫	七赤	六白	九紫白星
病符	財帛	文曲	文昌	蚩尤	右弼	破軍	武曲	天九運星局
祿存	巨門	文曲	輔弼	貪狼	廉貞	破軍	武曲	宅九星局
禍害	天醫	六煞	伏位	生氣	五鬼	絕命	延年	四吉凶位
未坤申	丑艮寅	壬子癸	辰巽巳	甲卯乙	丙午丁	庚酉辛	戌乾亥	24山

將難經變為易經第一講 (2015/09/02)

一、易經的涵義：
(一) 先天八卦之象

　　易是透過符號來代表，所以感覺上易是容易的，故取名為易經，以「易」字而言上為日，下為月（勿古時為月字寫法），所以依此角度那麼就可用一橫畫"━"代表日，用一橫畫中有缺口"▬ ▬"代表月，而"━"也可以稱為陽是代表太陽代表日，而日在天上因此又可代表天，而"▬ ▬"代表陰代表月，又因日月相照而日在天，因此相對月就可代表為地，所以簡單的透過二個符號，就可以交叉運用。

　　陽代表天而天會動所以也代表陽剛之氣，而地感覺上是不動所以也代表靜代表陰，以"━"代表天如 ━ 橫重疊為二，是陽加陽是能量增加，而此象又有老陽的象 ▆▆ 相同的將"▬ ▬"重疊為二，也就是陰加陰就有老陰的象 ▆▆，同樣的也是代表能量的累積，然後當"━"累積為三個爻時就組成一個乾卦▆，就是三陽爻代表一個乾卦，如上述當"▬ ▬"累積為三個爻時就代表為▆▆坤卦；上述言一個陽、一個陰代表天與地的統稱，因此三陽爻就代表在最高位置，陽氣往上升而陰氣向下降，所以就有一個距離因此稱之為

天地，天與地就是「乾為天」與「坤為天地」；而陽氣越重也就越往上飄，陰氣越重也就越往下沉，因而形成一天一地，故謂之天地定位，而" ━ "與" ╍ "何以謂之為爻，因爻是代表動態的有變化的，就如日月繞行天體在運轉一般。

由上述知道三陽與三陰形成天地定位，然有了天地後當然也就有了水火，其實水火形成是由乾坤二卦的中爻，互相交換而成，當二爻互換後就成了☲與☵二個符號也就是離坎二卦，因有了天地定位如此這二個符號就代表了日與月，前述用簡單符號代表了天與地，但當符號不斷增加又形成不同圖象，就如☲卦上下為陽中央為陰，有如圓形太陽其中心有一黑點，也如太陽運行路線，因此☲卦就稱之為日，當太陽運行到西方下山然後月亮☵升了上來（此為十二長生訣中的陽死陰生、陰死陽生之理），所以就形成了日月交替。

而太陽也為火故當其下山時我們所看到是一種暗的情性，而此種情性也代表一種坎水☵（稱之「坎為水」），所以是代表水☵與火☲，但水火是分隔二地，所以又稱之為水火不相射，在傳統觀念上是水來剋火，那火就將會熄滅，但如果水火不相射，代表兩

者共同存在，其情形就如陽光（火）照射在海洋（水）之上，產生水蒸氣（辛金、庚金）往上飄升，當被照射海水形成水蒸氣飄升而減少，鄰近之處海水就會漂流填補，因而形成氣流漩渦，如此氣流（庚金）自然而然也會往上飄，所以三個陽爻（庚金也為乾）就形成了強烈的氣流，因此天（乾代表天）也代表強烈的氣流有肅殺之氣，天也代表天干的庚金，雲霧水蒸氣是由太陽照射海洋向上飄升而生成，故二者水氣（辛金、庚金）上升後組合，就形成了兌卦☱（其處是因太陽照射水面，生成水氣而飄浮於此）。

在炎熱之時就會想要遠離它分開它，所以火就有離的屬性，因此出生年月日如果火過旺也代表離象，離是代表感情是二地而居之意，離也代表太陽是不停轉動，並不固定停留於某處且溫度很高，是有火的名稱與代表（稱之「離為火」）。

以天象而論，兌卦與乾卦是透過太陽照射，而產生的氣流與水蒸氣，在氣流與水蒸氣二者，當然以氣流力量比較強大，由象看氣流（乾☰）為三陽爻，而水蒸氣（☱兌）為二陽一陰故會有停滯現象，也會隨著氣流而飄浮不定，以地象而言兌卦是一個沼澤，其象上空虛而下實☱，就像是一個可以儲存或裝水的東

西，因此兌亦稱之為沼澤（稱之「兌為澤」）。

　　有了天地水火如此就會出現了植物，也就是出現了有生命的東西，而所產生的東西就以巽為代表，也稱之為木（在五行金木水火土之中，只有木代表有生命東西），而此木是形成有生命原素，此木在天干之中稱之為乙，而乙字就如剛生成細小花草，因此乙木也代表小花草，而巽處於高處（稱之「巽為風」）故也代表樹葉，其相對之低處則為樹幹，其象如巽卦陰陽顛倒的錯卦震卦，樹幹（震卦）在天干以甲為代表，稱之「震為雷」。

　　坤卦之象而言是由三陰爻組成，代表地殼厚實可以承載重物，但甲木的生命力很強，是一陽在下震動，欲衝破二層地殼而出，是陽要破土而出，所以也稱之為震卦，然後慢慢往上生長，故到了巽卦之位是樹葉茂盛，然而震動也會有聲音，因此也會有雷的屬性；大樹要生長就必須要有穩定的根基，而地（坤卦）是代表低處，因此其旁艮卦之象，是為地上有高出之物，所以相對應就有高山的屬性，因此艮卦也代表為山，而高山就有阻止之象，如住家欲阻外人進入之處為門，而艮卦門後有物抵住，以做為防護之象，因此又可稱之為門闕，此稱之「艮為山」。

以上總共有八個圖騰，也就是先天八卦之象。而此八個圖騰也可代表八個方位與八個門，從地形地貌透過八個圖騰來看也是如此，如艮卦其一邊為平地的☷卦，另一邊則是因欠土而成低處的聚水之處；平地是要讓木成長，但木成長需要有能量有溫度，而有能量有溫度（火）也須要有水有沼澤，如此木才可以繼續成長，長的與天同高，此是代表生命與天同長；到了巽卦之位，是長的最為茂盛，因此也就以樹木為代表，然而在最茂盛之後，樹葉開始凋萎、果實腐爛而形成水，然後水往下流而成坎，也可說樹葉開始凋零，往下掉落於高山之上，然後由高而低再而形成平地☳，又是一個重新循環的開始，這就是先天八卦之象。

而何謂先天？先天是代表日、月運行的時間，代表地球原本的地形地貌。

先天八卦圖

附註：有關八卦形成與萬物關係在繫辭上、下傳、說卦傳有下列描述：

1. 畫卦之由來：繫辭下傳第二章：

古者包犧氏之王天下也，仰則觀象於天，俯則觀於地，觀鳥獸之文，與地之宜，近取諸身，遠取諸物，於是始作八卦，以通神明之德，以類萬物之情。

2. 以氣言八卦：繫辭上傳第十一章：

太極生二儀（天地陰陽二氣），二儀生四象（太陽、太陰、少陽、少陰，也可稱為四時之氣），四象生八卦（乾、兌、離、震、巽、坎、艮、坤等八個卦）。

3. 先天八卦之的象徵及其相互作用關係：

說卦傳第三章：天地定位，山澤通氣，雷風相薄，水火不相射，八卦相錯。

4. 後天八卦位置萬物生長與八卦關係：

說卦傳第五章：帝出乎震，齊乎巽，相見乎離，致役乎坤，說言乎兌，戰乎乾，勞乎坎，成言乎艮。萬物出乎震，震東方也。齊乎巽，巽東南也，齊也者、言萬物之絜齊也。離也者、明也，萬物皆相見，南方之卦也。聖人南面而聽天下，嚮明而治，蓋取諸此也。坤也者、地也，萬物皆致養焉，故曰：致役乎坤。兌、正秋也，萬物之所說也，故曰：說言乎兌。戰乎乾，

乾、西北之卦也，言陰陽相薄也。坎者、水也，正北方之卦也，勞卦也，萬物之所歸也，故曰：勞乎坎。艮、東北之卦也。萬物之所成終而所成始也。故曰：成言乎艮。

意思是：「帝出乎震」，震木由艮位寒冬之季破土而出，以締造大業。

「帝」：可指北極星的指標，為先天的震卦位，從震☳位甲木出發，震有鼓動萬物之象，堅毅不拔，以成就大業。

到了巽☴位「齊乎巽」，巽☴木為春夏之季，此季草木均衡並茂而生。震☳代表甲、巽代表乙木，乙木枝葉蓬勃而齊生，使萬物充滿生機的一種力量。

到了離位「相見乎離」，離火明利萬物都需要火的能量成長，為丙、丁火的能量，陽臨使萬物彼此相見爭相而長。

到了坤位「致役乎坤」，坤卦居西南，為季夏與孟秋，此季陽旺高溫之地，為天干己土未坤申之地，地支未土，利於耕耘，西南得朋之地，萬物得到幫助而快速成長。

　　到了兌位「說言乎兌」，兌卦居西方，為先天坎位，太陽下山之際，豐收休息之喜悅。季節屬秋，為天干辛金，地支酉金。春分與秋分兩季日月等長，陰陽調和、溫差不大而和悅，西方果實成熟使萬物愉悅歡喜。為佛家所云：「西方極樂世界」。

　　到了乾位「戰乎乾」，乾居西北方位，天山遯之象。天干為戊，地支為戌土與亥水；太陽由西北方戌而下。日陷致使盜心萌生，為了爭取甜美果實而相互交戰；西北方為坤卦之上六爻：「龍戰于野，其血玄黃」。

　　到了坎位「勞乎坎」，先天之位為坤，坤為聚象；勞與坎五行皆屬水，天干為壬水、癸水，地支為亥水、子水，　北方之地，萬物生機不見但卻忙著思考未來的行事計劃，使萬物勞苦疲倦忙祿。

　　到了艮位「成言乎艮」，艮居東北為先天之震位，天干為戊，地支為寅丑，象徵萬物之終始。東北之地，冬藏入庫使萬物成功收場。成言為誠，艮為高山之戊土，土代表誠信之意。

後天八卦圖

(二) 後天八卦之象

有先天八卦一定就有後天八卦，艮卦卦位（西北方）為高山，如此其左側坤卦（北方）雖為平地，但因屬低地故也會有積水情形，如下大雨時雨水無法即時宣洩造成淹水，因此也就會形成另外一個坎卦（先天坎卦是原本的地形地貌，後天坎卦則是人為因素，所造成地形地貌。）而此處積水太多，就會造成其左側（東北）之木（震木）受損，也就是形成水困木（以易卦而言為水雷屯卦▦▦），為了讓木避免受損受困，因此此處又形成另一高山（艮卦），所以就有將艮卦

移至此處情形，此處形成高山目的在讓木可以脫離低地，而不會有水來困木情形，讓木可以得到艮山之土穩定成長。

◎何以證明木可以破土而出穩定成長？

因其上方東方（先天八卦離卦☲）之位有陽光溫度讓木穩定成長，所以此處又形成一個震木，是表示震木脫穎而出不再受水所困，為了表現木一直在成長，必須是其上長滿了樹葉，所以巽卦☴由原來西南方移到此處（東南方），代表樹木生長繁茂是有生命的，然而樹木要繼續成長必須要有火（陽光與溫度），所以其右（南方）又會形成一個火（離卦☲），也就是日正當中太陽高照，讓其生長繁茂，但當樹木生長到一個階段，就必須接受考驗，如學生學習一個階段後，必須受測驗考試才知其學習成果，所以測驗是驗收學習的成果，因此樹木成長到此處，就須要接受成果驗收，而此處（西南方）時間為農曆七月（申月，在羅盤24山方位為未坤申）正是狂風暴雨季節，此時也正是樹木接受大自然驗收考驗。

在接受大自然成果驗收時，樹木之枝葉必定會遭受損傷，在先天此處為巽卦（☴）之位，其意告訴人們樹木受損後，會有自然修護功能，就如前些時日，

蘇迪勒颱風造成的樹木折損，目前受損樹木已從新冒出新芽，這也就是此一宮位有巽卦（☴），而樹木要能修護就必須有好的土地與養份，所以坤卦☷就移到了此處，提供土地與養份，經過了如此淬練後，再前進（西方）其成果就可以豐收，所以豐收即為兌卦（☱）也就是果實成熟。

　　說卦傳言：兌☱為喜悅、毀折。而喜悅是因豐收，如果未加以收成，導致果實掉落於高山就成毀折，所以此處為先天坎位（水），這也是表示水果中有水份，所以水與果實是同時存在，故此一卦位是澤水困卦（䷮），代表水被收藏在沼澤、水果之中，水果有此困才有甜美果實，如無困則是水果乾澀，困卦雖屬易經四大難卦（四大難卦：水雷屯卦䷂、習坎卦䷜、澤水困卦䷮、水山蹇卦䷦），其實不用害怕，困卦是代表甜美果實（困字中之木其上一橫畫，兩邊如稍為抬高即成水字，所以水木是同屬性），也就是把水份困在其中才有甜美果實。

　　故兌卦是經過成果驗收之後的成果（在先天上兌☱為氣、雲層、沼澤，而於此處則為甜美果實），如未加以採收，水果就會自然瓜熟蒂落，在落地之後，果肉腐爛留下堅硬種子，表示是回歸到了堅硬的乾卦

☰（西北方），準備遇水再度發芽破土而出，再重新
一個輪迴，此即代表十二地支的亥水，亥中本氣壬、
餘氣藏干為甲木之長生，這就是後天八卦卦位與先天
八卦的關係。

二、先後天八卦之組合

從先天卦位言地☷（北方）的相對處即為天☰（南
方），所以是天地定位，有天地就有日月運行，因此
離稱之為日☲（東方），而坎為月☵（西方），有了天地
日月之後，就可以形成有生命的東西，所以就稱之為
震☳（東北方），而震的相對之高處就為巽☴（西南方），
是樹幹與樹葉對稱，然而一般土地比較鬆軟，因此需
要有高的山，來穩定有生命東西，所以此處西北方為
高山、高處，而其相對之處，是為更低屬性，所以是
為沼澤☱，也稱之為水庫，而水庫是透過高山聚集而
成，所以是成為先天八卦的天地定位，山澤通氣，人
長於天地之間。

前言先天西北艮卦高山之水往低處（坎卦☵西
方）而流，但如水太多造成宣洩不及，因此也會流向
坤地☷北方，所以先天坤地也形成了另一個後天的坎
卦，然而此處水多，就會破壞了先天東北的震木，因
此就會形成另外一個高山☶後天艮卦在東北，而兩處

高山之下，一定會聚集很多的水，而此處之水是受困的，所以是無法流出，故此處也可稱之為地獄（也就是關了亥、壬、子、癸），因水可以代表鬼魅、鬼魂、陰物或濁重之物，一般濁者下降成為水之屬性（先後天八卦坤☷、坎宮位☵），而清者上升成為火之屬性（先後天八卦乾☰、離宮位☲），就成了先天與後天交錯，因此乾、離、坤、坎在先後天八卦上是同宮位，故在先天乾、坤、坎、離稱為四正位。

再由此先天坤卦卦位前進(順時鐘方向)遇山(後天艮卦)，此山是為保護震木(先天震卦)，再進為震木要破土而出，所以此處形成震木(後天)，但為了證明樹木生命在成長，因此進一步為巽木☴（樹葉），再而就是清者上升成為火（陽光、溫度）之處，然後讓木繼續修復與成長，因此又有一個好的土地(後天坤卦)，樹木在修復之後結成果實兌(後天西方兌卦)，而果實腐爛之後形成種子，又形成了三陽爻的乾卦（後天乾卦西北方），所以先後天八卦是結合在一起，而非分開的二個獨立體。

從上面所述之象，將其分成四季（春夏秋冬），日出（東方）之處是樹木開始蓬勃而生，所以是木遇火而茂盛，其卦象為雷火豐卦（☳☲），屬性是火來

生木，因如果是木來生火，則是一種死亡定律，因為木燒完了，火也滅了，最後是二者都毀滅邁向了同歸於盡。

◎雷火為豐卦䷶而震木何以為雷？

是因其震☳地下的一陽要破土而產生震動的聲音，又震☳高大突出所以為雷，而木之下有火，表示其有能量溫度可以長得茂盛故謂之豐，若反之是火（陽光）很旺，讓樹葉茂盛而將樹幹遮蔽，就象是樹幹被樹葉所食，因此稱之為火雷噬嗑卦（䷔），其象就如樹幹被樹葉所食，相對於頤卦䷚口中空空無物可食，所以噬嗑卦䷔第四爻陽爻代表有物可食，二者屬性不同。

丑、艮、寅（東北☶）之地是為先天震，而種子要破土而出，用波頻震的方式才能順利破土，所以震就有聲音故震也為雷，木依附於山上是天經地義之事，其雖掌握了山，但山也幫其穩定成長，所以震木佔有了山只有小的過錯，巽位則是速度很快，因此就有大過之象；震而在此是成長緩慢，有等不急之象，但最後他可以成棟樑之材，所以只是小過而已，故艮與震二者構成了雷山小過卦（䷽），其象山☶在下而上為震動☳，是樹木長在山上慢慢成長。

如果山在上不動而山下為震木動，此象也似人之嘴巴，下為會動的下巴，上為不動臉頰，二者構成了山雷頤卦（▦），頤卦是口中空空，代表無物可食，且牙齒外露，也代表喜歡說話，喜歡表達自己意見，所以頤卦象傳曰：君子以慎言語，節飲食。

前言高山之水流向坤地（北方），因無法宣洩成了地水師卦（▦），所以土地就有被侵犯的感覺，也就是水侵伐人、家園，所以才稱之為師卦，從地的角度，地遇到了水是為師，如果主體為水，而水主動的來，表示水是主動來做朋友，因此從水角度是主動來交朋友，所以是為水地比卦（▦），比字為心連著心，共同向著同一方向而行，而此處為北方，而北字有拔開之意，故也代表無情，屬性為水而水也代表黑暗、為冷、看不到、結冰。

◎如果北代表無情，那麼房屋坐北朝南如何？

坐北房屋比較暗，而外面比較明亮，由內往外看是明朗的，相反由外向內望是暗的，自然形成一種保護作用，反之坐南朝北其象也相反，家中情形容易遭人窺視而影響隱私，所以古代帝王大多數是坐北朝南，目的就是可明朗看天下，因此坐北朝南優於坐南朝北之屋。

　　再看兌卦☱（東南方）是一個沼澤，而沼澤裏可以長花草樹木，而花草樹木也因沼澤提供水份，而可以快速成長，也因生長太快就會產生風險，故花草樹木在沼澤中成長是豐收過快，且沼澤中生長沒有穩定根基，長成枝幹就會不堅固，因此就會有大過情形發生，所以形成了澤風大過卦（☱☴）之象，反之若以花草樹木在沼澤中成長（☴☱），是表示沼澤提供水份養分，讓花草快速成長結成甜美果實而得以繁衍，也就是能說到做到，所以其卦象上下各二陽爻，而中央為二陰爻，是外陽內虛（大象☲），如雞隻孵蛋一般，就含有了誠信中孚，即成長過程需要水分與土壤以快速成長，在長成之後有功，謙虛以對，因此就含有中孚誠信之情形。

　　再來之宮位為火為天，前言天地之中的水火，是由乾坤二卦中爻互換而成，陽氣輕者往上飄，而陰氣重濁而下沉，故土地是很厚實，若把二者中爻互換，如此就變成了太陽、月亮，所以太陽☲、月亮☵是由天☰、地☷的陰陽爻互換而孕育出來，所以火是由天孕育出來，因此天火就有同人之意，所以二者構成之卦，就成天火同人卦（☰☲）。

◎天火同人卦之天與火何者為大？

是天比較大，但天願意下來與火（太陽）平起平坐，代表了他有親民作風，若反之下者向長者要求平起平坐，就有大小不分情形，但如果長輩願意做為靠山，且全力成全自己，如此就成了大有之象，構成火天大有之卦（☲☰），在天火同人主體為天，是從天☰之中心動了一爻而成火☲，因此二者是為同氣，所以稱為同人，反之稱為大有。

再進而為先天卦的巽，是處在後天未坤申之宮位，屬農曆七月，會有狂風暴雨形成，所以以風(☴)為代表，是在突顯巽的風，也是在突顯樹木接受考驗之後修護能力，而巽與地在一起，是花草樹木種植在土地之上，而可以快速成長，形成美不勝收花園供人欣賞，所以就有了觀之象，故二者構成風地觀卦（☴☷），若土地在花草之上，則構成地風升卦（☷☴），其意是花草在土地之下要破土而出，因此就含有生長昇華之意。

接著進而為後天卦的澤☱，是承載儲存水分之處，而澤☱之由來是由高山☶下流之水匯聚而成，水太多就會形成氾濫，所以須要以人工水庫為之儲存，因此成了後天的沼澤☱，前言沼澤為兌卦☱為果實，

因此沼澤儲存水，形成了澤水困卦（☱☵），是把水收藏在裏面，故前言水果甜美，此處為秋天之時，是樹木成長結果豐收時刻，所以有甜美之象，若二者相反，則是為水澤節卦（☵☱），其意是水太多會氾濫成災，因此經由沼澤加以調節，如現代水庫做為儲存與調節水量功能。

再往前如水果成熟未加以收成，果實墜落於山上，果肉腐爛之後，剩下種子待機而動，此象就含有休息之狀態，因此就有了遯象，所以構成了天山遯卦（☰☶）；天為主宰其如助火則成火天大有，現在天願意將自己放於山中，被山所收藏，如此就構成了山天大畜卦（☶☰），而火天大有卦（☲☰）與山天大畜卦（☶☰），都是代表很富有，但大有卦有離卦之火的亮光，因此大家都可以看到，但大畜卦（☶☰）則是被埋藏起來，只有自己知道而已。

以上就是八個宮位相互間，陰陽互換及上下卦對調，所組成之十六個卦之卦象、卦意，然而簡單的透過這八個卦，就可以做為占卜工具。

三、案例解說

◎以水雷屯卦（☵☳）看房子能不能賣出？

論卦上卦代表主體、主事，下卦代表對應關係及結果論，而水雷屯卦是高山之水流向坤地，所以形成水來困木，而震木是代表大樹將破土而出，但他被水所困，所以短時間內無法賣出，故此屋已賣一段很久時間，大約有半年又過 10 天，由卦象看坎字為欠土，而木為水所困住，所以買方要出價都出得很低，因是水要來滅木，若要讓房屋價錢好，一定要透過山或火，因山之土及火之能量，可以讓木穩定成長，只要有山與火出現，房子就可以賣出，所以是在丙（火）戌（山）月（就是二個月後）可以賣出，然後委託仲介商，最佳的是在商標上有山且綠色及紅邊信義房屋，因有山又有紅色，可以讓房子脫穎而出，所以說可委託信義房屋來賣，其速度會比較快。

◎以天地否卦（☰☷）論當前事業情形為何？

主體是要問當前事業情形，乾代表天、代表有行動力、有執行力，乾也是庚是氣流，當氣流遇到了平地，表示事業沒有受到阻礙，可以風行天下，表示事業已經沒有可以再有突破之處，故說目前還不錯，不過會覺得有小小瑕疵，因乾坤二卦組合是天地否卦，而否卦是木頭受損，表示內心感受好像有某些東西在折損，另否字也有木在沼澤上，遭受強風而折損木之頭部，因此感覺上就有美中不足之處。

庚金是風行天下名聲響亮，乾坤二卦是天地定位，所以乾卦☰為天，是處在高處，而坤卦☷為地，是處於低處，所以是自己處在高點可以往下而看，但是內心感受總覺得有一些事物在損傷，就如像要進入秋天而有被束縛感覺；不然事實上是不錯的，另外也可以說事業之目標已達到，因為卦象由高而低，代表目標已達到已過了。

否卦為農曆七月之卦，農曆七月卦高峰是在四月，四月是全部為陽的乾卦，所以說高峰已過，若要回到以前高峰已是不可能，所以必須將自己能量轉移，也就是所謂的否極泰來，而現在是由泰而來的否卦，所以要回到以前高峰必須培養接班人，因接班人

才能在否之後而泰來,回歸到以前最高點,所以說是要培養接班人,才能回到以前顛峰。

　　乾為天為(☰☰)六陽之極,之後由姤(☰☴)、遯到否,如果要由自己回到以前顛峰是不可能,因為輪迴關係在否卦之後為觀卦,所以還是必須退後一步培養接班人,再由自己在旁邊加以引領。因為風地觀卦(☴☷)是八月卦,也就是即將秋收之時,故表示即將看到成果,如不培養接班人接著為山地剝卦(☶☷)而成剝落,也表示不要讓最後一陽剝落,故要將其轉移到底下變成地雷復卦(☷☳),如此由復之後陽爻,才能不斷的持續產生而達到顛峰。故此卦是不錯,但就是要培養接班人。

將難經變爲易經第二講（2015/09/09）

六十四卦之組成：

地雷復卦 ䷗ 卦序第 24 卦　與
雷地豫卦 ䷏ 卦序第 16 卦

雷地豫卦 ䷏

豫卦卦辭：豫，利建侯，行師。

彖傳：豫，剛應而志行，順以動，豫。豫順以動，故天地如之，而況建侯行師乎？天地以順動，故日月不過，而四時不忒。聖人以順動，則刑罰清，而民服。豫之時義大矣哉！

象傳：雷出地奮，豫。先王以作樂崇德，殷薦之上帝，以配祖考。

　　在第一講中已言坤代表地，用一橫畫中有缺口" ▬▬ "來代表，而此畫重疊為二時也是代表地，到累積為三個爻時同樣代表地，就形成了坤卦 ☷，因此說地有三層，也就是三畫卦的坤卦 ☷，三層代表地層厚實（在易經解釋三就為多），因此言坤「厚德載物」，在坤卦 ☷ 三橫畫都有缺口，代表是為鬆軟之土是為柔性，以坤卦「坤」字而言，右邊之申字中央三畫被正中一畫分開為二半，中央一畫代表通天地，所以說土

的厚度很厚而且兼了柔性，坤在五行為土（五行為木、火、土、金、水）為平地之土，因此天干以己土稱之。

順時鐘而行的下一個宮格為震卦☳，震在五行為木，是為大樹也以甲木稱之，如果大樹欲緊抓鬆軟之土（己土），就會產生不穩定現象；而震卦☳也稱之為雷，當其與坤卦組合時構成雷地豫卦䷏，因此雷地豫卦就有猶豫、沒有安全感的現象，所以甲木在己土之上，就會產生一種不穩定現象；在十天干屬性有甲、己合（天干五合請參考第一學期第八講），在傳統天干上稱甲、己合化為土，但此理論是錯誤的，他不稱之合化為土，而是甲、己少了戊土，因此是期待戊土出現，也就是說甲、己缺少了戊土，因此就會產生猶豫不決的現象，所以稱之為雷地豫卦（䷏）。

豫卦暗藏有亥水與丁火，雖然甲在己之上有能量、溫度，但他是在亥水，而亥水就有水困木的情性，但在傳統上都認為是水來生木，在這裏是坤卦之屬性，因其逆時鐘方向宮格，為艮卦為高山，而高山會產生大量的水，而流向坤地，使坤卦之位成了後天的坎水之位（此宮位有水地比卦䷇，與地水師卦䷆情境），所以就會形成亥水困甲木情形，因此產生不

穩定的水困木現象。

　　在河圖之中坤位為1，而艮位為6，所以1、6屬性也符合了天干甲己的屬性（天干之數甲為1、己為6），亥本身屬水而種子遇水就會萌芽，而剛萌芽胚胎為乙木，所以說亥水有困木，甲、乙木雖有丁火的能量溫度讓其生長，但是仍會造成不穩定現象，所以就會有猶豫不決的雷地豫卦▤▤▤之象，因此八字之中有甲、己或己、甲之人，代表甲木的情性不穩定，是因甲木少了戊土，也就是密度高的土，甲、己二者是夫妻關係，因此甲就會感覺己缺少了什麼？而己土本身也會覺得缺了些什麼？原來兩者共同點是缺少了戊土的情性。

　　從甲的角度遇戊（戊為土）為偏財（天干之十神關係），是其追求財星，也就是大筆資金，從己角度戊只是他的人際關係，因為己土（平地）較低而戊土（高山）較高，他也期待戊土釋放一些利益，讓其有一些踏實感，而在一高一低情形下，最能享受到的是金錢利益，因從高山所流下的是水，所以己土也在期待，有戊土釋放一些水資源，從人的角度而言戊是己的異性朋友、人際關係，但是高山所釋放的水，是代表己的財星物質利祿，所以才會產生猶豫不決的現

象，故稱之為雷地豫▦▦。

地雷復▦▦卦序第24卦

復卦卦辭：復，亨。出入无疾，朋來无咎。反復其
　　　　　道，七日來復，利有攸往。

彖傳：復，亨。剛反，動而以順行，是以出入无疾，
　　　　朋來无咎，反復其道，七日來復，天行也。利
　　　　有攸往，剛長也。復其見天地之心乎！

象傳：雷在地中；復，先王以至日閉關，商旅不行，
　　　　后不省方。

　　地雷復卦▦▦其象為土下有木，土下之木是代表
樹將重新萌芽，也就是生命要重新開始，才稱之為
復，而雷地豫▦▦卦代表已萌芽長大之樹，但因土地
鬆軟不穩固，所以有猶豫不決之象，因此才有甲、己
合，期待戊土出現問題，地雷復卦雖也是甲、己合，
但其主體為己土，是己土底下有能量能讓其成長，所
以才稱之為復，復卦是由山地剝卦的上九爻，碩果不
食掉落地上而成，也就是剝卦的（▦▦）覆卦，而剝
卦之意也是在言唯一陽爻（上九爻）不要不見，必須
保住此陽爻勿讓其有所折損，所以地雷復卦▦▦其是
一陽復始，於十二辟卦為子月卦，冬至一陽生之陽遁
局。

在十二地支為子，因為子才能有復，也因有子才能重新孕育樹木（生命），在傳統五行生剋是水生木，然而此處木在土下，而土下有水分，如此生命才能再延續，就如種子埋於地下就可發芽，最重要的是土下含有水份讓其保存，地雷復卦䷗上卦坤卦之位在後天為坎卦，代表坤卦本身就含有水份，因此土下種子就可以重新萌芽，所以才稱之為復卦䷗。

卦例：

男友之前去算命，命理師說此男友2次婚姻，以復卦而言此女孩子可以跟現在戀愛對象得男友結婚嗎？

復卦言土下種子要重新萌芽，所以是曾經經過分離，然後二人再復合，在雷地豫卦䷏代表猶豫不決，然後才產生復卦的重新復合，以卦象而言二人是會結婚，但會產生如卦象所示，二地而居而後再復合現象，如當前都沒有此現象，則表示二者都尚在考慮之中，然而二者感情是很好，因為象為甲、己合，唯為復卦之象所以有重新再來現象，所謂重新再來，並非是分手後再來，而是有可能是兩地而居，也就是須經過這些現象才能結婚。

　　復卦二者戀愛時間應有五年以上（因甲、己二者間隔之數為 5），如果都沒有此現象，就有雷地豫卦 ䷏ 猶豫不決情形，或許須如卦爻辭所言七日來復，就是七年之後才會結婚，但七年之後因有庚金出現（七代表庚金），所以會導致甲木 ☳ 受傷，而甲木受傷後可能會尋找戊土 ☶ 以為修護，此即代表會有新的選擇，也有可能是二地而居，或各自重新尋覓不同對象，為避免此情形發生，可先採取結婚後辦離婚，然後再登記結婚方式，因在復卦之象就是二者要結婚，就必須有重新再來情形才有可能。在經過此象後，也就不會再有重回此象顧慮了。

　　以象看如從女孩子角度為己甲之合重新再來，在男孩子則是猶豫不決，既然對方因八字有二度婚姻狀況，所以產生猶豫不決情形，可以先結婚後辦離婚，然後再從新登記結婚就符合此象（結婚七日後辦離婚，再過七日再辦結婚登記），其實也可以在結婚當日，在不同時辰重新進房破瓦過火，如此皆可符合二度婚姻之象。

火地晉卦（☲☷）卦序第 35 卦與
地火明夷卦（☷☲）卦序第 36 卦
◎震順行之後宮位為何？

　　震木☳是代表有生命的東西，而有生命東西就需
要溫度、能量及有好的磁場，所以震木☳順行為離宮
☲之位，離也代表太陽運行路線，所以離是要孕育震
木，而離也為火，此火在天干上代表丙、丁火同時存
在，何以說是代表丙、丁火，因水火是不分陰陽（第
一講中言八卦配合十天干，其中少了水火的陰陽），
雖離卦本身不分陰陽，但仍以離卦上下卦來分陰陽，
當離卦在上卦之時，比較傾向丙火的情性，而離卦在
下卦之時，則比較傾向丁火的情性，因離在上時代表
太陽，而當太陽照射時地下產生熱氣，所上離卦代表
太陽，而下卦代表太陽留下的溫度。

火地晉☲☷

晉卦卦辭：康侯用錫馬蕃庶，晝日三接。

彖傳：晉，進也。明出地上，順而麗乎大明，柔進而
　　　　上行，是以康侯用錫馬蕃庶，晝日三接也。

象傳：明出地上，晉；君子以自昭明德。

　　在坎☵而言上卦傾向於癸，而癸含有辛☱的成
分，所以在水雷屯卦☵☳也言雲雷屯(君子以經論)，

而當水由天下降下時就為壬水，離卦☲丙陽天干在上，而陰天干丁在下，而坎則相反因壬水是流動的水；土地會因太陽照射而產生生機，即己土因太陽照射而產生了生機，火與土二者構成了火地晉卦（☲☷），此象代表火照射土地，讓土地有生機，太陽是從地底下升起，但他也會讓土地產生生機，所以就含有火來生土之象，而火來生土是土地得到了利益，所以火地晉卦☲☷是土地得到了利益，土地因太陽照射而得到成果，而其成果就是土地上長出甲、乙木，此就是一種無中生有之情性。

火地晉卦（☲☷）與地火明夷卦（☷☲）這二者組合是丙火與己土，而此組合就可讓己土無中生有，所以八字有丙、己之人，己土就可以無中生有，也就是他可以創造出甲、乙木，因此晉卦是火在進，同時己土也在進，所以是二者同時進步，因為是太陽由東方地平面升起，運行至坎（西方）、艮之位而下山，然後月亮升起，形成日月交替，但離卦☲運行至此時，也成為太陽在己土之下，當離卦☲在己土之上稱之為進（火地晉☲☷），經運行一圈回到坤位時，則成為地火明夷卦（☷☲），代表太陽情性不見，也是火的情性、光線、亮度不見，故姓名最好不要取名為明夷，因取明夷代表火的情性及亮光不見。

地火明夷 ䷣ 卦序第36卦

明夷卦卦辭：利艱貞。

彖傳：明入地中，明夷。內文明而外柔順，以蒙大難，
文王以之。利艱貞，晦其明也。內難而能正其
志，箕子以之。

象傳：明入地中，明夷；君子以莅眾，用晦而明。

　　從離卦☲（太陽）角度明夷是太陽情性不見，然
而從己土角度，代表有能力把太陽壓在下面，也就是
可以讓長輩、主管、丈夫等，言聽計從為己服務，所
以從己土角度，是己土獲得利益，但從丙火角度則是
為明夷（傷害），也就是太陽情性不見，所以明夷是
丙火失去情性，而己土得到能量。

　　而當太陽在己土之上因其有功能性，能讓己土長
成甲、乙木，當己土長成甲、乙木之後，代表太陽的
付出獲得了成就感，而己土獲得利益，若從地火明夷
角度，是己土有能力把太陽拿下，壓在地底下面，讓
其情性不見，表示己土能力是相當的旺盛，也可說是
土下有能量有溫度，本身很有自信，所以這個己土可
以代表其比主管、上司、家中男主人能力還好，所以
地火明夷（䷣）代表可以拿下太陽。

卦例：

◎以地火明卦（▤▥）問當前登革熱是否會結束？

依卦而言是短期內（三個月內）不會結束，因下卦離火一直在讓土地成長，代表有能量讓蚊蟲不斷滋生，所以說短期內不會結束，要結束當前情形則是在三個月後（丙在天干排第三），所以到了十二月登革熱就會消失。

明夷卦是在強調己土得到能量及溫度，也就是太陽讓己土產生成長，所以將卦分開說明，就無卦之吉凶，一般卜到地火明卦皆認為不好，事實上是在強調火的能量受限而已而是己土獲得利益。

◎若問是否遭蚊蟲傳染到登革熱？

從卦象而言是有遭蚊蟲叮咬，體內有一些登革熱病毒，但透過自己藥物已把它給排除，如何證明其遭到登革熱傳染？因火的能量照射己土，而又把火壓在底下（身體內部）如此代表身體溫度很高，是有遭感染而發燒的情形，但已透過藥物把它排除，然體內仍有一些病毒殘留，但已不會再傳染他人，再三個月後就可完全排除。

◎若問經濟狀況？代表經濟已在慢慢回溫當中。

◎如問感情為何？

　　主體是地火明夷（▤▤），代表本身隱藏了巳火，只是想控制家裏男主人而已，然而事實上還是很愛他沒有他不行，因為己土沒有丙火是起不了作用，所以他的能力自信是來自於丙火，因此在感情上是沒有問題，他只是要掌權罷了。故己土本身是沒有受傷，而是離火有委屈感覺。

　　在卜卦之時所提問主題是非常重要，譬如地火明夷（▤▤）問疾病是否可以康復？則是可以痊癒。問病情狀況如何？則是病情很嚴重。因地火明夷是有能量的，其本身修護能力、抵抗力很強，且也不放棄自己，所以是可以慢慢康復；但是問病情狀況，表示其病尚在擴散之中，目前自己本身還是無法掌控，因此說病情狀況是很嚴重。

　　在地火明夷卦▤▤言病情，表示此病目前沒有辦法控制，為什麼沒有辦法控制？因病（己土）尚在擴散（丙火）之中，己土遇丙火可以無中生有，所以代表一直在生長擴散，因此比較危險。而此病人在三個月後可以找到對的醫生，但在這三個月內是一個考驗期，能否渡過就有不確定因素，因為象就是三個月的

考驗期,也就是說必須渡過此三個月,才能找到對的藥或醫生,否則情形如何就難以預料。

◎如問檢驗報告情形?

檢驗上是可以通過的,但尚有三個待改進的小瑕疵,而此三個小瑕疵並無大礙(因丙在天干為3),何以說檢驗報告有三個狀況,其情形是產品受到太陽檢視,其瑕疵(問題點)就會顯現出來,且丙在天干為3,所以代表有三個待改進小瑕疵。而此現象是好的,只要稍為調整就可以通過。

◎如問旅行如何?

代表玩得非常愉快,地火明夷☷☲代表自己有自己玩的方法。由地火明夷卦象看感情,己土是拿捏自如,丙火則是感到委曲不舒服,因己土需要丙火的溫度能量,所以己土一直在考驗丙火是否愛他,因此就有糾葛心情存在。

◎如問換工作如何?

換工作是可以的,因換後的工作環境,是自己所喜歡,其原因是因己土的能量,把他壓制在裏面,表示能力才華無法展現,故有有志難伸情形,所以說換工作後,就成火地晉☲☷現象,就可脫穎而出,所以

說換工作是可以的。

病人器官均已衰竭，目前已住院 25 日，此病人可否拖過 30 天才會死亡？依地火明夷卦 ䷣ 有 30 日之期象，目前己土還有火表示還有生命，但目前已住院 25 日，因此在再過 5 日，就過 30 日之期，土象之火就會消失，也就是代表生命會結束，所以說在 5 日後才會死亡。

◎原來在生技公司工作，前想到醫院服務，可是未獲得錄用，現是否還有機會？

是可以獲得聘僱，雖前已面試及遞送履歷，但因為在己巳（明夷卦）卦象，有把主管壓在自己之下情形，代表聘僱之後對主管會有壓力或可能取代其位，另地火明夷卦也有火被壓住，而不見光明情形，代表所送資料已被壓住抽換，所以必須再次親自遞送資料，而且在遞送之時，一定要表現出謙卑之心，才能獲得認同而獲得錄取。再次遞送資料目的，是代表翻轉地火明夷 ䷣ 成火地晉卦 ䷢ 的重見光明。

由上面的幾個例子來看不要因卦名就認定卦的好壞，要知道《易經》六十四卦均有其好壞的一面，非以卦名定吉凶只是在言名稱、卦象，如雷地豫卦言

猶豫不決，然而是代表誰在猶豫不決，是甲木？己土？事實是二者都是猶豫不決，因己土鬆軟所以甲木會另尋他土（離家出走），而己土也希望得到利益，所以說二者都會有猶豫不決情形。

◎當想要問事而卜卦才會有卦象出現，其與上課之時所談之卦而問事，是否具有相同義涵？

　　因當想卜卦問事之時，一定會先行觀想，想要以上課時所談論之卦來問事，一樣也是經過了思考，所以二者是具有相同義涵。就如上述同學以復卦問兒女婚姻之事，起先在二者之間，找不出地雷復卦之象，而導致猶豫不決情形，現在瞭解是因八字而有所謂二度婚姻情形，所以說確實也符合重新再來卦象，故問事而卜卦與依上課所談之卦而問，是具有相同涵義。

◎擇良時吉日剖腹生產有作用嗎？

　　要知道從八字上之選擇與解釋，每個老師看法並不一定相同，所以所謂好時辰定義就會不同，譬如要在所謂大富大貴時間做剖腹生產，但是真的是大富大貴的時辰嗎？

　　因每個老師解讀不同，所以並不代表每個人所看都是對的，就如戊土（山）遇震木（甲木）是為山雷

頤卦▤▤，二者在八字上戊土遇甲木為七殺，七殺是
出生日為戊土遇到木，從戊角度為木剋土，就有我為
土而木來剋我，一般認為七殺不好會離婚，比喻女命
有正官，旁邊又有一個乙（七殺），從戊土角度乙為
正官，而甲為七殺，因此同時有官有殺，在傳統八字
為官殺混雜，而官殺混雜就會離婚，但是在當前學習
理論中是不會離婚的，感情是相當的好，而且彼此只
有一個對象，因為乙木（樹葉）一定依附於甲木（樹
幹）之上，所以二者是同一個人。

　　甲乙木之樹木一定是種於戊土之上，所以說此種
情形是感情穩定，並沒有所謂官殺混雜會離婚的情
事，故每個老師所判斷的結果，其論點是不一樣，因
此並不是老師所擇日期就是正確的，然而當前所教理
論，是依據大自然為理論根據，所以學習理論是傾向
大自然，準確度就會比其他理論為高，他是與易經六
十四卦不謀而合。

　　看八字不能只看官殺混雜，仍必須注意天干屬性
這才是重點，可參考老師著作「八字十神洩天機」中
冊，書中一百組時辰對應，所以不能依二個名字（八
字十神名稱、十神之對待）就定論其好壞，而是要用
天干與天干的對應關係來定論，不同天干造就結局就

會不一樣,因此就必須注意天干屬性。

譬如太陽☲(丙火)遇到壬水☵,傳統八字是水剋火為七殺、官殺,從丙角度是壬水會剋我,但丙、壬七殺是好的,是可以認定為水火既濟☵☲,而二者何以為既濟?

當太陽照射在湖泊之時,就會產生水蒸氣,水蒸氣就會與丙結合,當太陽☲照射壬水☵之時壬水也會扶持,所以說二者感情是不錯的,但二者因工作關係,分距南北二地而居,但不代表他們會相剋,反而感情是相當的好,這就是丙、壬關係,在丙癸☲☵未濟為夫妻時是為正官,但二者有忽晴忽雨情形,所以並非正官就是好,丙(太陽)的正官為癸(雨水),癸為丙的丈夫,因此有一個是大太陽,而另一個是在下雨,所以就有忽晴忽雨情況。

在八字結構之中,不一定要出現正官,才代表夫妻會有好感情,有時出現七殺反而夫妻的感情會很好,如上甲、己為雷地豫卦,而己、甲為地雷復。

◎己甲與甲己兩者感情如何？

在天干關係上二者為夫妻，反而出現正官、正財時，夫妻關係問題反而會更大，而不出現正官、正財時，反而夫妻感情更好，在出現正官、正財時，夫妻會因某種因素二地而居，在八字之中不出現正星，反而比較好，所以夫妻為丙、癸者天天吵架，反而甲、戊者不會。

所以說非正官而是七殺者，丈夫反而會更好，因此不要以傳統十神法觀念看八字的吉凶悔吝事項，但也不是傳統八字就不能用，而是學習此大自然論斷法則時，先將傳統觀念擺一旁，然後再慢慢結合實際狀況，現在老師所教的是結合傳統與非傳統，所以一定比傳統八字好用。切記不要以正官、正財論吉凶，如己、甲為地雷復是重新再來，甲、己雷地豫的猶豫不決，形成二者期待戊土出現，必須有了戊土才可以穩定情形。

◎以離卦☲而言，在外地工作是否可以遷調回來？

以卦象言是不可能調回來，離卦代表太陽每日運行不止，就有在遠地上班，然後再返家及分開二地情形，而火旺溫度高也須遠離，所以說暫時是不能調回來，要知道並非因卜到離卦而無法調回來，而是因為

無法調回來才卜出離卦䷝。

◎**前言甲、己合期待戊土出現，但戊土是如何出現？**

　　戊土之出現可能是因為外在環境、物質、人物，如果本身定位為甲☳，對方就為己☷，甲本身因為己土不穩定，才有雷地豫䷏之猶豫不決情形，所以會因時間、環境、物質、人物，等外來因素而有戊土出現，譬如以感情而言，甲總以己妻能力不夠，總是希望出現一個，可以讓事業更為興旺的人，所以就會一直在尋找戊土☶艮卦目標。

　　而期待也就是想要的意思，序卦傳中常有「必、有」二字出現，而必是一定會有，而必有是還有可能沒有之意，所以期待就是想要的意思；譬如以此卦雷地豫問做生意狀況，則有資金不足，須要大筆資金情形，所以希望從股東、銀行之中取得大筆資金，讓生意更大更興旺，依此為定位，大生意為庚金，而庚金則會劈甲木，如果有大筆資金（戊土）可以鞏固，事業就可以穩定直入中天，所以大筆資金，可以穩定甲木的根基，阻擋庚金來劈甲木，因此說甲木是一直在期待戊土出現。

　　有了期待就會去尋找、就會有目標、有執行力，而執行力強弱，就要看卦內所顯示卦象，故在天干五合，地支六合及地支三合之後（參考第一學期第八講），都會有五行，其實這些五行意義都是期待質，並非是真正轉化的物質。

　　比如寅、午、戌三合為火局，事實上是期待火的出現，也代表火受傷，因為午火因戌而入庫、午被寅吸收了，所以五合、六合、三合之後五行，是代表受傷及五行不足，而在旺、相、休、囚、絕是在言氣的強弱，而非是在期待什麼，但在氣場較強之時，確實凡事就比較容易達成。

卦例：
◎以甲、己雷地豫卦▆▆▆▆論行業上，是做水餃生意
　好？或是轉行做別的行業好？
◎如轉房地產並兼旅遊業如何？所須相關證照情形
　為何？
　　在甲、己合表示有賺錢，但是會有不穩定感覺，認為那不是自己追求目標，所以一直期待戊土出現，要轉行表示有使用到戊土，所以是可以的，因為轉行就是改變目標，就是轉為戊土，而轉為房地產業會更好，因房地產業為戊土，因此賺錢速度會更快，而兼

旅遊業也可以，因二者是戊變己、己變戊，代表一直在循環，所以是可以結合，最後終究會做到戊土，即把事業做大，因為在目前認為事業還是太小，非自己之目標，所以會想把它做大。

在甲、己而言是不穩定，所以會想要能做到穩定；而相關證照為乙（證照）、丙（政府機關）而未來走向為戊，所以目標也是正確的，而乙、丙可讓甲木再成長、得到溫度能量，立於富足之地。

戊土就是一種應期、目標，所以甲、己應期是為戊土，也就是期待下一個目標，而下一個目標就是5的象（甲己之間相隔之數），而5也可代表5天、5個月或戊年、戊月、戊日。

從地火明夷卦 及火地晉卦 ，就知道這些象符合卦的情境，火地晉卦的象是火在土地之上，代表太陽已經升起，因此才稱之為晉，而在易經經傳只有解釋經文文意而已，但是在卦象之中，可以透過卦象而產生晉字意義。

有生命東西一定需要太陽能量、溫度，而木的成長也需要水資源，代表水資源者為兌卦 ，而兌卦是

代表沼澤、水庫，在地支上可以用辰為代表，但辰同時也可代表巽卦，因在東南方位為辰、巽、巳，辰是透過高山（戊土）組合而成的水庫，因辰為水庫因此他含有兌☱的情性，而辰也為春天，是木快速成長之時，而木的快速成長就含有巽卦☴情性，所以辰也有快速成長含有乙木情性，辰代表水庫而水庫周遭長滿樹木，是樹木茂盛之地，所以辰可以為兌卦☱為巽卦☴，但依其組合也有艮卦☶的情性。

天風姤卦☰☴卦序第 44 卦

卦辭：女壯，勿用取女。

象傳：姤，遇也，柔遇剛也。勿用取女，不可與長也。
天地相遇，品物咸章也；剛遇中正，天下大行也，姤之時義大矣哉！

象傳：天下有風，姤；后以施命誥四方。

◎庚、辰之組合，可否為天山遯卦☰☶？

是不可以的，因為辰為早上（春天）是太陽剛升起之時，非太陽下山（丙戌）之遯情形，所以不可論為天山遯卦，因此只有庚、戌才有天山遯卦☰☶之象，因戌位才是太陽將下山之處，所以庚、辰之組合，不可論為天山遯卦，從天干、地支上卦象就可分得很明朗，也就是由天干地支就可很容易判讀卦象，所以

庚、辰之組合是為天風姤卦☰☴，姤卦是表示機會太多了。

天澤履卦☰☱卦序第 10 卦

卦辭：虎尾，不咥人，亨。

象傳：履，柔履剛也。說而應乎乾，是以履虎尾，不咥人，亨。剛中正，履帝位而不疚，光明也。

象傳：上天下澤，履；君子以辯上下，定民志。

從庚金☰角度辰代表春天之氣，而春天之時是花草茂盛☴，所以財很容易得到，而財容易得到就有容易享福之象，因此才稱之為姤，如果把庚、辰之組合，代表為天澤履卦☰☱，則是代表庚金遇到辰，表示庚金力道還不是很強，庚金因為有澤所以還須要再處理，再加強他的執行力，所以天澤履卦☰☱原本是庚金☰力道，然而變成兌卦後，就含有想要休息情境，還不是很積極，因他由動變成靜，由陽金變成陰金，因此必須繼續努力，才有辦法達到所要追求目標，因此庚、辰之組合，含有天風姤卦☰☴與天澤履卦☰☱。

八字為庚、辰之人是很有福氣，因為他不願意擔負太多事情，然而確有很多機會進來，辰是春天之氣是花草茂盛，庚金遇花草為財星是可以享福，也就是

不用很忙碌，就可以得到很多東西故說很好，如單獨
論辰、戌則是為永夜，因為他們會收伏太陽，二者是
太陽照射不到之點，如要說辰的陽光之氣如何？可以
查十二長生表（可參考第一學期第九講），丙在辰有
正5的能量，所以代表它的陽氣很旺，另外辰、戌是
太陽照射不到之點，所以也代表沒有天乙貴人，然而
此二地支雖沒有貴人，但在十二地支之中，尚有十個
地支可用，所以可以不用太多顧慮。

辰是春天之氣，位於東南之地，需要知道辰可以
長花草樹木，庚金可以收成，然後戌可以收伏權貴，
可以把丙、丁做收藏，因此達官顯要，都會前來拜訪，
所以說辰戌有辰戌用途，在十二地支，每一個地支，
有每一個地支用途，如論丙在辰情性，則有正5能
量，而丙在戌則為太陽已下山，就只剩下1的能量，
至亥就為0沒有能量了。

本身為丙、戊之人，其在外為丙☲卦（外卦），
所以往外是一個很出色的人，在內為戊☶卦（內卦），
所以是回到家裏就想休息，庚、戊之人也是一樣，二
者之差別一個在丙，一個在庚，因丙是透過知名度，
而庚金是透過執行力，所以同樣是這二個人，可以說
丙☲卦是勞心之人，而庚金是執行的勞力之人，唯一
相同就是回到家裏就想休息。

將難經變為易經第三講 (2015/09/16)

一、問題與案例解說:

◎母親去電兒子不接,甚至親自到其住處亦不應門,何以有此種情形?何時可以改變?

　　一般而言是因母親太過於關心,導致兒子有一些壓力,因此才會有拒接電話或不應門情形,在一般人角度或許如此行為是不對的,但在其兒子、媳婦認知上,或許是父母過於嘮叨而產生反應,其實最好方法就是當母親的暫時放手,暫時不要再去理他們,因越在意心理就越想不開,反而對事情處理就會越混亂,等經過一段時間後,兒子、媳婦反而會認為媽媽在隱瞞什麼,反而會主動回來詢問。所以說不要太在意反而會得到好的結果;至於何時可以改變,只要有決心不再太在意,或不理此事,亦即以夬卦 ☱☰ 的剛決柔之心,就可以迎刃而解。(見本講第四項兌卦與乾卦組合說明)。

◎本日簽訂保險契約是好的日期嗎?

　　要先瞭解本案是保險銷售,是單方面銷售賺取利潤,故對方希望在本日簽約完成銷售,因能速戰速決快速達到銷售目的,故銷售之人是完成銷售,所以對主體不會有主動解約的情形發生,本日為 9 月 16 日,

9、1、6代表水木土會有不穩定狀態，是購買的簽約人感覺不穩定，因此簽約後會後悔而想要解約，如屬雙方買賣行為，就會有彼此想解約的情形，如售屋與購屋，一方覺得賣得太便宜，而一方認為買得太貴，因此會有想要解約的情形。

如在 17 日簽約則比較有主導之權，且會主動想瞭解其中的內容，而且也會有所建議，容易與對方產生互動，18 日則可以坐享其成，即有什麼好處會自動匯入，也就是說比較被動，而且完全相信對方，這些日期屬性是不同的，如想要擁有主導權就用 17 日，如在 10 日簽約則感覺會很有保障，在 19 日簽約，簽完約就會有身體不適之感，有如準備領取保險金情形，所以簽約日在國曆的 12、15、18、21、26 等日都是可以的，因為契約是公開透明，一般簽約都是以國曆日期登錄，所以國曆氣場較強於農曆。

投保後並不知簽約對方何時送件，按一般慣例是完成簽約當日即生效，故簽約日即是與數字發生了連結，有了連結因此數字就會影響心態，而心態就會影響吉凶，誠如易經繫辭下傳開宗明義所言：「八卦成列，象在其中矣。因而重之，爻在其中矣。剛柔相推，變在其中矣。繫辭焉而命之，動在其中矣。吉凶悔吝

者，生乎動者也。」

如實際出生年、月、日為50年2月3日，而登錄於戶政機關日期為50年3月2日，二者不同仍是要以後者3月2日為主，因為3月2日是公開透明，如果有強調八字就用農曆，因為農曆有節氣算法，如果忘記生辰八字，也可以用當下時空做為生辰八字，如此也就是另外一種所謂更改八字意義。

譬如：有同學選擇2月3日，那就代表此數字與他發生連結感應，就可用此數字論斷，2、3兩個字是3在主宰，因為3為丙火為太陽，既然由3主宰，代表是不得空閒，凡事對方未想到、未進行，他都已先想到、先進行，相反的也表示其能力很好，而其丈夫可以說命很好。

◎同學也認為上述論斷，符合其當前狀況，何以會有如此情形呢？

那就是選擇了此數字，即與此數字氣發生連結，是因當下心態、想法與目前的狀況，因此自然而然的選擇此一數字，假如選擇3月2 日，則與上述情形剛好相反，但何以會選2月3日，而不選3月2日，是因本身之氣場如此，而非因選了他才導致如此，其

實這就是一種磁場對應,因本身磁場無法與3月2日連結,因此自然而然選擇2月3日,如要改就是從今天起,改個性的磁場,但是積習已久,想要更改談何容易。所以由此象就可類化反推,如強制改為3月2日,磁場就會慢慢引被動。

◎什麼能量比任何能量強?

手機能量是最強的。何以手機能量是最強?因手機發出電波很強。譬如以手機談論事情通話時間雖久,但因手機因素無法談成,如此可以說再久都是多餘的,會有此現象是因手機磁場不對而引起,比如手機號碼尾數為04,可能會無緣無故因為一句話或一件小事情,而引起很大不快、誤解,而導致不良後果(兩者之中,只要有一人手機號碼不好,就會與此種氣場連結),所以手機號碼不佳,就不容易交到合意的朋友,而且對方也容易對其反彈,因此就容易產生誤解而分離(電話號碼與車牌號碼二者都具有相同功能)。

◎女生手機其尾數二碼為1、6,其情形如何?

1、6兩號碼表示此女會掌權,凡事都會自己處理,1、6組合如沒有結婚,遇事當然是自己處理,結婚後也是由自己處理,此組合是女主人比較忙碌,男主

人就不會，只要是此組合則都是一樣。

　　以目前同學手機號碼而言，尾數四碼為 3815 號手機號碼就很好，但要記得手機號碼中意就好，除非要追求某一方面能量才須有所改變，要論斷手機號碼好壞，用手機後四個號碼就可以，但如新申請手機就須全部號碼都考量。

　　譬如 2658 也是相當不錯，因 2658 為澤山咸卦 ䷞ （5 為戊土，8 為辛金）是想要什麼就有什麼，因澤山咸卦是辛金有戊土而產生感應，所以是心想事成，澤山咸卦象傳：「山上有澤，咸；君子以虛受人」。表示自己沒有但想了就有，所以說此手機號碼很好，雖然此手機前面數字有 7、7 兩號，但剛剛並未提出，表示當事人並不喜歡，另外因為有戊土（5），可以保護辛金（8），可以讓 8 無中生有，所以比較沒有關係，如沒有 5 則 8 就岌岌可危，因為有 5 所以前面號碼就不論，若為 8、5 則成山地剝卦 ䷖ 或山澤損卦 ䷨，假設此手機為 2865 將 8 往上拉為 85 為山澤損卦 ䷨，65 則為山地剝卦 ䷖ 如此就不好，一般傳統八字是以金木水火土顆數來算，但這是不準的，因為在年、月、日、時的排列組合不同，因此就會影響他的吉凶。

◎號碼 7209 如何？

　　9 本身代表天干壬水，9 的壬水是流動之水，水在流動又有 7 的風吹襲（庚金），如此水流速度會更快，代表其執行力、行動力都很強，處事乾脆俐落不拖泥帶水，但 9 也為坎也為險，因此會有誠惶誠恐感覺，所以處事之時就會有煩躁情形，這也就是坎水關係，但因 9 有 7 因此又有很好執行力、行動力，如果把 7 改為 3，如此雖忙但可以賺錢，然而因為是 7，所以可能是白忙一場，若為 3209 則做事會有歡喜心，忙碌當中會很有目標，而且所做所付出可加倍回收，7209 則是事倍功半，而且做事會感覺很無奈，就現在號碼把 72 改成 32 就很好，一般而言在冥冥之中，自然而然就有這種氣，而有這種氣就會選上這個號碼。

◎號碼 8757 如何？

　　此手機號碼有 5，他可以保護 1，如沒有 5 則兩個 7 會造成 1 與 8 的受傷，前曾言尾數為 7，而前面再加一個 7，就會造成財星比較沒有辦法掌握，花錢就會比較沒有節制，尤其車牌號碼尾數為 7，且前面又有 7，就會有時常故障，須要花費修理情形，反正使用此車，就會有無緣故的額外花費，而且所花又非正常應花款項。而此手機號碼有 5，因此可以保護 1

與 8 避免遭受傷害。但兩個 7 也代表做事很有執行力與魄力，不會猶疑事情是先做再說。

如果尾數為 6、6，雖手機前面號碼有兩個 7、7，但此兩個 7 對 66 不會造成影響，因 6、6 為平地、為己土、為坤卦，而坤卦旁邊有 7（庚金為乾卦）是為地天泰卦 ䷊，所以兩個 7 反而是兩個 6 的助力，6、6 前面雖有 4 的溫度太高，那則是另外的事情，現在最重要是在此兩個 7，而此兩個 7 對 6 而言是一種資訊一種正面訊息，有此兩個 7 也代表做事很有執行力與魄力，所以只要八字有二個庚金，手機號碼有兩個 7，不論其排列組合於何處，都代表很有執行力與魄力。

◎7717 號碼如何？

7 代表自己，而前面 1 是為 7 的財星，前面又有兩個 7，代表在理財之時，很容易處理不當會把財變小，譬如看中一塊土地而將其購買，一般而言土地都會漲價，然而因用此手機，故買了後就會開始降價，所以說是把財變小了，但用此手機的人對自己本身很節省，切很捨得將東西給家人，這就是兩個 7 造成的影響，如沒有此兩個 7，則就不會有要享受大家一起享受的心態，因為 7 代表庚金、代表破壞力，也代表

執行力。

　　7要有5，如7沒有配5，7就容易隨便橫衝直撞，而沒有辦法掌握，所以有7要配合5，雖然此手機前面有5，但因離後面數字比較遠，氣就沒有那麼強，雖有所影響但比較不大，如離近則作用就會更大，因離遠會是錢用了再討論，離近則是會先討論後再花費。

　　以上的這些現象都是在我們的課程，及易經符號當中，我們是透過這些符號來論斷而已，7為庚金為乾卦，而7加7成為六爻畫的乾卦，是乾為天為剛健不息，代表一直在忙碌，所以透過此種符號來論斷事項結果。如7遇5為天山遯卦，代表遇到什麼事情都會收斂，會先思考後再出發。

二、辰位（兌卦）關係與十二長生表中能量來由

　　辰土與戌是相互對待關係，所以稱之為辰戌沖，兩者是一高（戌）一低（辰），從辰土與戌土角度而言，辰中央是虛是空的而戌是實的，因為辰至少由三座高山圍繞組成，所以其中央是空的，而戌則是單指一個高山之稱，他是為實的，所以辰與戌二者辰的山比較旺，也就是至少須由三座高山圍繞才能組成辰，

辰一般也代表水庫，而要造成一個水庫，必須由許多高山圍繞才有可能，而戌是在言單獨一座高山，重疊二座高山（戌戌）是代表山很高很雄偉，並不代表水庫，所以高山代表水資源流失，由此角度看戌日或戌日生的人，代表其水資源在往外流失，如果是辰日中央是空的，就有辦法收集水資源。

◎辰、戌何以為永夜？

因為戌是高山，辰是水庫有太陽照射不到的地方，為天乙貴人不臨之地而。八字中辰戌二者何者為佳呢？當然是擁有辰會比較好，所以辰在天干屬性，其本氣代表戊，雖然戌本氣也代表戊，但辰是在先天兌卦與後天巽卦之位，所以辰代表先天兌與後天巽（乙木、花草），代表可以讓花草茂盛，而且為兌而兌為沼澤是有水資源，所以辰是可以收伏水資源，可以讓花草樹木茂盛。（可參考老師著萬年曆23頁十二長生表）。於102頁附十二長生表。

附表：十二長生表（依陰、陽屬性及其能量分）

五行	能量 陰陽	長生	沐浴	冠帶	臨官	帝旺	衰	病	死	墓	絕	胎	養
		+3	+4	+5	+6	5	4	3	2	1	0	+1	+2
甲木	陽	亥	子	丑	寅	卯	辰	巳	午	未	申	酉	戌
乙木	陰	午	巳	辰	卯	寅	丑	子	亥	戌	酉	申	未
丙火 戊土	陽	寅	卯	辰	巳	午	未	申	酉	戌	亥	子	丑
丁火 己土	陰	酉	申	未	午	巳	辰	卯	寅	丑	子	亥	戌
庚金	陽	巳	午	未	申	酉	戌	亥	子	丑	寅	卯	辰
辛金	陰	子	亥	戌	酉	申	未	午	巳	辰	卯	寅	丑
壬水	陽	申	酉	戌	亥	子	丑	寅	卯	辰	巳	午	未
癸水	陰	卯	寅	丑	子	亥	戌	酉	申	未	午	巳	辰

附註：
一、　陽為順行、陰為逆行，陽「長生」、陰為「死」。
　　　陰「長生」、陽為「死」。
二、　戊土與丙火同長生，丁火與己土同長生。

　　萬年曆 23 頁十二長生表，是在言太陽與陽氣能量，在坤卦☷（己土）代表田園平地，坤卦中央是空虛，所以說是空的，在能量上陽爻代表一，陰爻則代表 0，也就是每一橫爻能量代表一，坤卦為三陰爻故其能量也是 0，依十二長生能量表中能量的正 1、正

2、正3、正4、正5、正6是言太陽的能量在增加，依十二長生表中丙遇亥是為0是沒有能量。

由上表當乙木遇辰時其能量為正5，所以乙木遇辰為花草茂盛，丙遇到辰也是有正5能量，所以辰也代表太陽能量很旺，戊土遇辰能量為正5，代表戊土氣很旺，故辰是相當不錯的字根，所以很多人喜歡生屬龍（辰）的孩子，希望子女都可以成龍成鳳。因為龍（辰）可以收伏水資源，且丙火的亮度很亮，可以讓花草很茂盛，這也就是辰的屬性。

而辰也代表兌卦☱、沼澤、水資源。戊土（☶艮卦)遇到戌能量為1，代表戌是沒有養份，因為戌是秋天之土，秋天之土何以沒有養份？因為樹木成長至秋收過程（由春天出生生長至秋天），已將土地之中養份吸收殆盡，在戌月土地是最沒有養份，所以戌月是土開始在修復的時侯，由戌而亥而子、丑、至寅為長生，也就是從戌到丑是在修護，即指秋收之後的休耕，在休耕期中土壤的養份，就不會再被吸收，而可以逐一修護。

能量大、小之計算是由十二辟卦而來，十二辟卦代表一年的十二個月，每一卦也代表一個地支（如下表）。

十二辟卦卦象、卦名、月份與地支關係表

卦象	䷗	䷒	䷊	䷡	䷪	䷀	䷫	䷠	䷋	䷓	䷖	䷁
卦名	復	臨	泰	大壯	夬	乾	姤	遯	否	觀	剝	坤
月份	11月	12月	1月	2月	3月	4月	5月	6月	7月	8月	9月	10月
地支	子	丑	寅	卯	辰	巳	午	未	申	酉	戌	亥

由上表知六爻卦的坤卦（坤加坤）在十二地支稱之為亥，然後為一陽生的復卦地支為子，復卦一陽爻是由地低下開始，因為他是往上升，因此此一陽爻代表正 1 能量，所以當丙遇到子是為正 1 的能量，然後依序為代表地支丑的臨卦，在初九、九二爻為陽爻，也是由下往上升，所以丙在丑為正 2 的能量，丙遇寅為正 3 的能量，然後逐漸往上升至代表地支巳的乾卦，為六爻全陽（☰☰）因是全由下往上升，因此丙在巳為正 6 的能量，正 6 代表太陽能量最強、最熱、最滿之時，因是言能量故並不代表是溫度最高時刻，由

此現象知道他是容不下任何一陰，故日主為巳日之人是有潔癖的，反之亥日全為陰爻，所以日主為亥日生之人就比較隨便，若為巳日亥時所生之人，就會有心有餘而力不足情形，最後結果就是隨便為之。

六爻全陽後開始陽消陰長，由一陰生代表姤卦的地支午開始，他是開始由低下消去陽爻，是能量在開始往下降，陰爻能量在往上升，因此丙遇午只有 5 能量，然後依續為消去二陽，代表地支未的遯卦，因同是消去陽爻，是陰爻能量往上升，所以丙在未只能為 4 的能量，然後逐漸往上消去陽爻，丙在申為 3 陽爻為 3 的能量，丙到酉為 2 陽爻的能量，丙到戌為 1 陽爻的能量，至代表地支亥的坤卦，又回到了丙遇亥的能量為 0。

太陽能量是由正 1 往上升至正 6，然後開始走下坡，由 5、4、3、2、1 回復到 0；這就是十二辟卦，是在言太陽（陽爻）、月亮（陰爻）的能量，所以也是陰長陽消，陽長陰消，是言一年的十二月令。辟是主宰是為君之意。

三、萬年曆十二長生表中子女多寡對照說明

　　萬年曆23頁十二長生表，表中有關孩子情形，是傳統上用出生時辰，依十二長生表論斷此人生多少個孩子，但這只是一種參考而已並不準確，其算法如下：

　　譬如男生於丙寅年、甲午月、辛卯日、癸巳時，在男孩子會以正官、七殺代表子女星，日主為辛（以陽為主所以為庚金）所以庚金兒子為丙（依六親及五行關係，剋我者為正官、七殺，同陰同陽為七殺，不同陰陽為正官，然後依表丙在巳為臨官為+6能量，代表生三個孩子，以現代之人幾乎是不可能，所以說只供參考。

　　如八字中沒有官、殺者，其算法亦相同，如出生年月日為庚午年、辛巳月、戊子日、丁巳時男命，戊的兒子為甲，依表甲對巳為病位的3為一個孩子，所以是用日主天干求出其子，然後再與子女宮的地支（時支）相對應來算，也就是由日主求七殺（是以男命為主），後再以七殺對應時支。

　　若上出生年月日為女命則找傷官，女命為戊所以為己土，而己土的兒子為庚金，而庚金在巳為長生位，所以是有四個孩子，要了解其關係，須先知其陰陽關

係,如男命要符合陽干,因此就直接轉為陽干,而陽干兒子也為陽干,陰干則須轉為陽干,然後找其兒子,再將兒子對應時支,找出相對應關係後,比對萬年曆 23 頁十二長生表即可知道(有關六親關係,可參考第一學期 2015/04/29 第九講)。另外表中頭胎有姑娘,表示第一胎為女孩子;養取他人子表示小孩子出生後,須做他人義子,然後再領回來或是領養他人兒子。

四、兌卦與乾卦組合:

澤天夬 ䷪卦序第43卦

夬卦卦辭: 夬,揚于王庭,孚號有厲。告自邑,不利即戎,利有攸往。

彖辭: 夬,決也,剛決柔也。健而說,決而和。揚于王庭,柔乘五剛也;孚號有厲,其危乃光也;告自邑,不利即戎,所尚乃窮也;利有攸往,剛長乃終也。

象傳: 澤上於天,夬;君子以施祿及下,居德則忌。

◎兌卦遇乾卦為澤天夬卦䷪,其何以稱之為夬卦?

因澤代表辛金,當他遇到庚金(乾卦)強風後就會不見,也就是辛金遇到陽金就會雲消霧散,所以是說要透過合約、契約來保護辛金(周易繫辭下傳:上

古結繩而治，後世聖人易之以書契，百官以治，萬民以察，蓋取諸夬。），所以夬卦可以代表合約契約，而夬加水旁為決（周易雜卦傳：夬，決也，剛決柔也），夬上卦兌與下卦巽，在天干屬性分別為陰金（辛金）與陽金（庚金），而陰陽會有進退、不果情形，所以對人告誡對事必須果決，但因進退不果而成少了水旁的夬，所以為了要保護自己權利，就必須用合約、契約來保護，而且須要有執行力，這也就是澤天夬卦☱☰的屬性。

◎如問房客租房子，事後發現有未合屋主意願情形，而卜到夬卦，其意為何？

不想在出租後，發現對方經營生意，或屋內擺設宗教禮俗不合意願，一般在租約時均須載明，如此才可保護屋主權利，因為對方想法會超越屋主，其執行力、話語能力會比屋主強，所以要透過合約來保護本身權利，然合約未載明而要請其搬遷是有困難的，以此卦象即表示，當初租約時未載明用途，而導致對方使用方式不合屋主意願，現在唯有待租賃約期屆滿，果決的要求其搬遷而不在續租，也就是夬旁的水一定要執行出來，即是將夬的「進退不果」變成「果決」，透過此三點水就能讓庚金死亡。

　　依十二長生表庚金死於子,這就是此三點水的作用讓子出現,所以說要有決擇,才能讓庚金魄力不見,因為庚金死剛好辛金可以長生,依表辛金長生於子,所以非合約到期就是案件結束,還須直接言明不再續約,若對方不允即依租賃契約提出訴訟,果決要求對方清空返還房屋,如此即是可讓庚金死於子,而辛金長生的重新再來,卦象即是須有所決擇,否則辛金就會為庚金所欺,在夬卦而言初始租賃契約即須載明用途,如此才可保護屋主權利。

　　在夬卦一定要有「決」,才有辦法處理庚金,此卦最大原因,是庚金力量大於辛金,導致辛金產生不安感覺,當然也可以反思,反正租金照收,就決心採取不理不睬方法,任其自生自滅也是可以,所以夬卦也是在要求人改變想法、心意,順應他,如此才不會感覺不安與痛苦。

五、澤風大過卦 ䷛ 卦序第 28 卦

卦辭: 大過,棟撓。利有攸往,亨。

彖傳: 大過,大者過也。棟撓,本末弱也。剛過而中,巽而說行,利有攸往,乃亨,大過之時大矣哉!

象傳: 澤滅木,大過;君子以獨立不懼,遯世无悶。

澤風大過 ䷛ 原因是花草樹木成長與豐收過快，下卦巽卦為乙木為小花草，上卦兌卦為辛金，當樹木還是在小花草時就急著要採收，且沼澤中生長沒有穩定根基，所以長成枝幹就會不堅固，因此就會有大過情形發生（詳如第二學期 2015/09/02 第一講），因此澤風大過 ䷛ 之象，就是將未成熟之物予以屠宰吃完（說卦廣象兌為口，荀九家逸樂巽為雞），而有大過之狀。

◎此卦象如問小孩有無遭登革熱感染，情形為何？

先將此卦上下卦改為平面方式，上卦為☱、下卦為☴，上卦為主體，下卦為對應關係，問題為孩子有無遭登革熱感染，以象是有遭登革熱感染，因兌為辛金，而辛金有尖銳之象，如此表示有遭尖銳東西叮著，而且卦為大過，所以是有遭登革熱感染，但只要丙火出現病就會好，因丙可以把辛金化為水，可以修護乙木，讓乙木可以活躍成長。但丙在何處？即是在活躍與日曬之意，因此可在太陽下運動讓汗水流出，此即代表丙將辛化為水修護乙木。

◎若問小孩面試是否可以成功？則是可以成功，得到
　錄取。

　　同樣將卦平面方式，上卦為主體，下卦為對應關係，上卦辛金為主體代表小孩、下卦巽卦為對應之事，因為辛金可以掌控兌卦，所以表示面試可以成功，但面試之所以成功是因該公司缺人，因該公司找不到所要的人，小孩對應徵公司雖然會有壓力（因辛金劈乙木），但因該公司缺人，所以面試還是會成功，但錄取後進入公司服務，必須採取較低態度，否則會形成辛金剋乙木的澤風大過☱☴之象，導致主管會不高興。

將難經變為易經第四講（2015/09/23）

一、問題與案例解說：

　　女命為巳、亥，目前已離婚，是否有機會再婚？要何時才會再婚？

　　巳為丙火☲、而亥水（坎卦☵）為晚上，故亥時沒有丙，也因沒有太陽才能為亥，但現在是白天（有丙）所以直接以坎卦☵為代表，兩者組合為火水未濟卦☲☵，以卦象論雖已離婚，但女孩子還是愛著該男子，但該男對女孩子比較沒有感覺，此卦卦象是太陽能量照射在水面，因為巳（丙火）可以讓亥水變成光明，表示巳的熱情會附著在亥水之上，代表女孩很愛此男孩。

◎其是否再有婚姻？

　　是有的，因為只要巳火有熱情，他就可以如太陽照射在水面上，而水面就可產生庚辛金，如此表示女孩已物色到喜歡的對象，因為從巳火角度水是其官星（代表丈夫、男朋友），是他比較喜歡對方，只要他展現熱情就可以產生財(感情)。

　　此卦前提是女孩子已離婚，因此卦象可分二方面來論述，其一為與前夫關係，表示到目前她還很喜歡

其前夫，對前夫也還有感情，因為她巳火會放射能量在亥水之上（由巳亥看其與前夫對應關係）；其二是問有無機會再婚？那主體（女孩子）為巳而對應關係為亥，因為亥水是她的官星，只要他展現熱情（度）那就可以將水蒸發而產生庚辛金（感情），所以說是有機會再婚，只要其積極在今年的壬月或亥月就可能再婚。

　　如前述此女孩婚姻之所以受傷，是因亥讓巳失去光明，但是她還深愛其前夫；而現在她也一樣怕重蹈覆轍（再次亥讓巳失去光明），所以說若再婚原則上還是會再度受傷，因為其八字（卦象）就是如此，最大原因是為亥而非子，如是子就不會，如係問初次婚姻，也有初吉終亂情形，因在有陽光之時會以為是壬水，但其實本身開始即為亥，因此最後還是回到亥水因此破壞巳火，故有初吉終亂情形。

(一)火水未濟☲☵卦序第64卦

未濟卦辭：亨。小狐汔濟，濡其尾，无攸利。

象傳：未濟、亨，柔得中也；小狐汔濟，未出中也；
　　　　　濡其尾，无攸利，不續終也；雖不當位，剛柔
　　　　　應也。

象傳：火在水上，未濟；君子以慎辨物居方。

本卦並非是因火水未濟☲☵而產生瑕疵，而是亥水產生婚姻瑕疵，在傳統理論認定是火往上升而水往下流，兩者缺乏交集因此稱之為未濟☲☵，但事實上是在亥而非在於水，因為太陽能量是往下照射，如果是壬水則火是不會受傷，代表主要主動積極，就可以得到感情（庚與辛），所以說是因亥水導致巳火受傷，如果此卦象用丙壬，名稱同樣也是未濟但就不會離婚，也代表他們的感情是不錯，未濟不是代表未居住在一起，有如太陽環繞不停，無法在一個固定點上停留，所以二者會因工作忙碌關係二地而居，但二地而居並不會影響到感情，因為他們還是有庚辛金（太陽照射水面產生水氣）感情的聯繫，所以說未濟卦☲☵並不代表凶。

(二)水火既濟☵☲卦序第63卦

既濟卦辭：亨小，利貞；初吉終亂。

彖傳：既濟、亨，小者亨也。利貞，剛柔正而位當也；初吉，柔得中也；終止則亂，其道窮也。

象傳：水在火上，既濟；君子以思患而豫防之。

◎水、火，火、水，二者之組合，何以稱之為未濟卦☲☵與既濟卦☵☲？

因為從火的角度水為官星（官是代表一種責任、

壓力），是因為他要承擔責任，要有承擔責任，故要透過其知名度得到財，所以未濟是因官進來，因此才稱之為未濟☲☵；而水得到太陽（火）的能量，因此他會產生溫度，所以稱之為既濟卦☵☲，是水得到財；所以當八字擁有壬水之時，就可以把錢變大，當為壬水之時，那麼太陽的能量就可讓壬產生溫度，白天看海平面或湖面反射太陽形狀特別的大，表示可以把財變大，所以才稱之為既濟☵☲。

從壬水與癸水之關係來說，故八字有壬水之人很會理財，但是八字是癸水之人，雖同是水但卻會把財變小，因為癸水是代表雨露之水，因為雨露之水會破壞太陽(丙火離卦☲)情性，會把丁火溫度往下降，把太陽情性毀滅，癸水之人會把財變小，所以手機號碼尾數為 0 之人，很容易理財不當而損財，手機號碼尾數為 9 之人，比較會理財容易把財變大。癸水之人如果想投資或理財，須以購買土地或房子為主，因土地或房子再怎麼降價仍可保值，其道理是透過土把水吸收儲存。

昨日空軍官校 AT3 教練機失聯事件，一般而言如是墜機則人員生還機會不多，因為飛機摔落基本上是毀滅，飛機（代表巳火）從天干角度代表丙，從地支

角度代表巳火，所以飛機是丙巳（因太陽運動速度最快）而丙巳西下後為亥為黑夜，而丙火失聯（踪）也代表毀滅，所以如果是墜機，那人員生還機會很少，因為飛機是代表太陽情性，如果是代表丁火情性，則存活率就會比較高，丁火代表在地面運行工具（丙代表在天上飛行，丁則代表在地面運行），因丁的溫度可以儲存而非摔落，所以存活率比較高可達到 99% 以上，而墜機存活率可能只有 1%，兩者相差 98% 實是天高地遠，因此亥水可讓丙火下山。

所以亥日生的人，如果在航空界服務，不要擔任空中服務人員較好，應以地勤人員比較最佳，如在飛機上服務比較容易遇上空難事件，原因是亥水遇丙火則有讓丙火受傷情形，其如在地勤服務則是一個非常優秀地勤人員，因為亥水是流動的表示非常盡職，當然並非亥字之人搭機就會墜機，因為空難因素很多且還有共業問題。

亥時（21 時至 23 時）生之人是沒有丙（太陽已西下不見），但亥日生之人還是有太陽的，所以說亥時之人心中沒有丙；故亥時生女命之人，其能力會比其丈夫、老闆、上司好，對於擁有權貴富貴之人也不覺得有什麼，也看不在眼裏，所以亥時生之人能力不

錯但眼光較高,因為丙對他產生不了作用,而且他可以掌控丙,尤其是女命若要化解則要裝成什麼都不懂,由丙出面處理,凡不順從此方法他就會掌權。所以只要自己本身低調,讓其老公、主管、上司處理,並時時給他們美言,就可降低亥對丙的傷害。

◎壬寅日是水困木,在白天學習能力較佳,晚上則不好,何以如此呢?

　　壬寅日在卦象為水雷屯卦☵☳,壬是代表水代表坎卦,而寅木代表天干的甲木,而甲木代表震卦,因為水困木屯住,在白天時是會有丙,有丙時會讓木產生生機,讓水有溫度,所以白天時壬可以吸收丙,寅也可以吸收丙,所以說壬寅日白天學習能力較佳,但如果為午後則為申時而申就會劈寅,當申金劈寅代表上課時就容易打瞌睡。

　　如要避免打瞌睡最好就是多提出問題,如此就是所謂的水火交戰,因為老師是為丙☲為亮麗,所以老師是在釋放丙☲,而提出問題是可激起丙的思想讓其回答,如回答不出就如丙遇水☵(癸水)就為殺,反之可以回答即為官(壬水),所以同學有問題代表是在釋放官殺,而老師接受到同學的官殺,因此就會釋放木,透過木來接收水,所以木是丙的印星,會刺激

老師的思考,然後從丙透過土來回答(也就是所謂的食神、傷官),如果回答不出就有癸水滅丙,就是丙遇癸水產生辛金而矇蔽了丙,所以學生聽到解答是老師在釋放印星,而老師在回答是釋放食神傷官,所以學生聽到的是印星,而印星是老師的智慧,但如果學生整理吸收以後,就會成為食神、傷官成為自己所有,因此老師所教的印星就會轉化為同學的食神、傷官。

　　做任何的決定並非只有壬寅日(水雷屯卦☷☵)不要在晚上,最好是所有的決定都不要在晚上,要與人簽訂任何合約最好在早上,因為合約代表乙木代表印星,而乙木遇陽光思慮會很清楚,不會為人所矇蔽,如此就可產生公平性和約,但如果是要他人與自己簽契約,就可以利用晚上,因為如此對方就會比較隨便,由此可以推論,如有人在晚上來借貸,則大部份是不會還債,而午後也代表此人空空如也,若白天(早上)則說得到做得到,這就是因為晚上沒有丙火(陽光、明亮、人之顏面)所以會違背承諾,這也就是用五行反推,因晚上沒有丙情形來做事情判斷原由。而申代丙火即將滅失同時也會劈甲木,代表此人已是山窮水盡。

二、如何組合挑選合適手機號碼

　　首先我們要瞭解數字的基本涵意，任何數字用五行、卦象、屬性來論，都不會脫離其包含意義，譬如在傳統觀念1、6為共宗水，是代表太陽尚未形成時，星球原本的面貌都是黑暗，當黑暗時就會產生水資源，所以黑的暗的就稱之為水，也稱為坎卦、黑夜，所以1、6為共宗水，是星球原本的面貌，是會產生水資源，但水如沒有太陽能量就會產生細菌，所以必須透過太陽能量產生水循環，將髒的水、有病菌的水、不能用的水，將水轉化為可以使用的水，因為不乾淨的水，在太陽照射下形成水蒸氣，往上飄往天空聚集形成雨水降下，將雨水收集就可提供使用，若重回地面又將被污染而無法使用，所以水必須透過火（丙、太陽）才可以使用，才能產生水循環，如此才能形成新的生命，故稱之為2、7同道火。

　　火可生育萬物，所以接著才有萬物生成的3、8為朋木，其排序是星球原本面貌，然後有溫度而孕育出有生命的東西，然後有了木之後，就須讓其產生功能性，所以有木功能性以後就可回歸到一種4、9為友金，也就是木已具功能性，可以結成甜美果實孕育下一代；酉金代表樹木結成的果實。

接著是 5、0 同途土，是果實成熟掉落地下回歸大自然，但當果肉腐爛後留下種子重新在土壤中孕育，如此又將是一個生態循環開始；所以說有水資源，然後經太陽照射、孕育出生命結成果實，然後透過穩定的根基可以重新萌芽，所以 6 不是水是代表己土，而是己土之下蘊藏了水，如何証明己土之下有水？要知道小花草紮根入土只有三寸，故須澆水、灌溉，而大樹生長過程則未曾如此。

（三）地水師卦 ䷆ 卦序第 7 卦

師卦卦辭：師：貞，丈人吉，无咎。

象傳：師，眾也；貞，正也；能以眾正，可以王矣；
剛中有應，行險而順，以此毒天下，而民從之，
吉，又何咎矣。

大象傳：地中有水，師；君子以容民畜眾。

故可瞭知己土蘊藏水分，所以出生為乙（巽）木之人，對其學習求知過程必須每天加以叮嚀，因此乙木、卯木、巽木之人，如沒有每天學習求知，很快就會被社會淘汰，就如小花草沒有每天澆水就很快枯萎死亡，但如果為震木、甲木、寅木之人，不用每天加以叮嚀學習求知，他會主動學習求知，因其會自動往下紮根，吸取地中之水，故上述出生日之人可以自動

為之,這也就是甲木與乙木不同特性。

另外己土也可承載水,猶如地水師卦☷☵與水地比卦☵☷,此二卦之層次是以比卦為高,師為一帥必須透過學習才有辦法掌握兵權,師卦才在二爻中位,所以是為小統領而且陽居陰位,而比卦陽爻在第五爻尊位,陽居陽位所以有辦法統領一切,他是經由師之後累積其能力與實力,才有辦法成三軍統帥,所以師卦僅是一方之主,但比卦則是一國之共主,猶如諸侯與皇帝,所以說比卦是由師卦而來,是經過經驗累積與訓練學習聚集而成,其陽爻才能夠依序晉升至五爻中正之位。這也就是地水師卦☷☵與水地比卦☵☷兩者屬性不同。

(四)水地比卦☵☷卦序第 8 卦

比卦卦辭:比:吉。原筮元永貞,无咎。不寧方來,
　　　　　後夫凶。

彖傳:比,吉也;比,輔也,下順從也。原筮元永貞,
　　　　无咎,以剛中也。不寧方來,上下應也。後夫
　　　　凶,其道窮也。

大象傳:地上有水,比;先王以建萬國,親諸侯。

　　所以 6 為己土且有水的情性，壬水（☵）上下陰爻為地（己土），中間陽爻為天代表流動東西，（一橫畫 “▬” 代表日，而一橫畫中有缺口 ▬▬ 代表月，又因日、月相照而日☲在天☰，因此相對月☵就代表為地☷），因此有流動東西，被上下土地所束縛之象，因此看到壬水知道左右兩邊有己土，所以從壬水角度己土為官星，壬水之人雖脾氣不好，但他會遵守遊戲規則，即壬水會順從河道流入海洋或湖泊，而水會氾濫是受癸水挑撥（即雨水太多，壬水吸收參與而造成），壬水是來自於癸水，而癸水來自於丙火太陽，也是如此才會有水循環。

　　壬水在海、湖之上，原本平靜無波，受癸水影響後才會造成氾濫，所以稱之為 1、6 共宗水，但是遇到火就會有事，因他想求新求變產生水循環變成辛金，辛金大量聚集從天而降就成癸水，而癸水聚集就產生氾濫，所以單獨的坎字不代表氾濫，但重坎卦因水太多就有可能氾濫。

　　重坎☵☵水雖氾濫但己土還是可以承載，就如禹帝之治水採取疏導（己土），終於成功而減少了水患，而其父鯀治水則採用攔阻（戊土），最後仍然潰堤失敗，所以說只有己土可以承載壬水，因此號碼尾數為

6(☷坤土)其旁邊有多少的9(☵坎水)都沒有關係，譬如996代表財會主動而來，而且是光明正大取得的錢財，因6為己土他可以承載壬水（9）癸水（0），也就是再多的水己土也可以承載，譬如因水流動割裂土地，如己土不能承載，最後土地將被完全割離，那地球就將不復存在。

但是再多的水如果沒有太陽（丙火）照射，水會有細菌是不能用的，所以在996前加一個3（丙火），如此就可產生水循環而變成有用的水，然後再加4（丁火）的溫度，讓太陽下山後仍然還有溫度，而天明後太陽又重新升起，如前述錢財是自動而來覺得有乏味之感，如希望讓人知道是以魄力、作為而來，如此可在加個7，加7的就是讓其產生庚金（狂風暴雨），如不足可以再加一個7，如此就可充分顯示執行力，而手機首碼09也是6的財星，而雙7執行力太強，因此可加一個8，透過8（戊土也是遜之意），稍為收斂及短暫休息；將以上這些數字將其組合（0987－743996）就構成一個很好的手機號碼，若不要雙7可以將第一個7改為0或2。

以616599來說，有二個9當然是比較忙碌，但還好因有6與5，表示能懂得調適自己，他雖然沒有

凶象，是可以不要換，如有在意或想追求某一方面能量，還可以選擇比這更好的號碼。

尾數為 2615 的手機還可以用，但數字 6（平地、己土）讓 5（山、戊土）會有一些阻礙，因 6 會造成 5 的剝落（山地剝卦 ䷖），如改為 2815 就更沒有問題。後碼為 322615 也是相同，6 會造成 5 的剝落，就是對於周遭之人要捨得付出，所以剝卦大象傳言：上以厚下安宅。也就是對周遭朋友、下屬、家人捨得付出就可以鞏固權力，如沒有如此則一樣會損失，而且錢財也會流失。

所以好的手機號碼之組合最重要的，就是自己想要追求什麼，就依所要的去挑選組合，如拿餐盤然後將所喜歡菜色逐一加入，就如前述號碼組成一般，相反的自己想吃什麼餐就拿什麼盤子。

從 1 至 10(10 等於 0)共有 10 個盤子，看自己想裝什麼菜就拿什麼盤子，現在就從 1 號盤開始來說明。手機號碼最後一個字並非尾數，因為尾數為我，只有我才需要其他東西，如沒有我那就全部化為烏有，因為他是我們的定位，也因為有了定位，才需要有其他東西，所以最後一個字，並非是尾數而是開始的主體，而開始之後也是最大，所以就無傳統上尾數

要大的問題。

因 10 一定大於 9 至 1 的數，所以老師個人認為起頭局碼才是尾數，在電信公司立場前面數字是代表他們，故以他們角度前面才是開始，但在使用者角度而言最後一個字才是開始，而落點（最前面數字）都是最大的（每支手機局號都由 09 開始）。所以會挑選手機號碼，那八字之學就沒有問題。當然在挑選這些號碼時，可以讓某一方面能量增加，但可能也會讓某一方面能量減少，如對身體健康影響等等，但兩權相害取其輕者。

1 號盤：代表甲木（震木）

1 號盤最重要的就是要有一些 8 辛金來修飾，而 1 遇到 8（辛酉）為長滿果實，然而有些樹木結成果實後，就準備功成身退，因此當長滿了很多果實時，要證明其生命仍然存在，可以透過 2，1 變 2 為木的成長，以 2 來證明生命力仍然強盛；而要證明 1 與 2 的生命仍然存在，就必須靠老天爺太陽能量（3 丙火）產生水資源。

然後將這數字以予組合為 0932－281881，即構成一組很好的手機號碼。當然也可用 0982-183881 的組合。

2號盤：代表乙木（巽木）

喜歡2之人必須要有1的甲木為貴人，也要有太陽（3、丙火），才可讓2產生生機，但是單獨一個2並不能代表其熱情、活潑，所以需要很多朋友（2），但這些朋友也必須靠老天爺幫忙，才能得到好的能量與思想，當然也可以邀這些朋友到處旅行，為了要證明我們的熱情，所以可以再加3與2（也可以用4的丁火），當然也可以找比較有知明度的人來當朋友，來領導這些2（巽木），然後將這些數字以予組合為0923－942232，即構成一組好的手機號碼，當然也可轉換為0923－351232。

3號盤：代表丙火（離卦、太陽）

用3號之人必須要有9，才能儲存太陽能量與光明，也須要有4才能証明溫度在增加，及要有6才能將能量儲存於大地之中，讓大地長出樹木結成甜美果實，所以3可以透過9、6以生長木，為了證明木可以生長出來，前面可以再加2（巽木），因此就可組成0932－226693這一組手機號碼，因為3透過9可以產生財，然後9遇6的己土，再透過8或7來造成財，也就是透過3來掌控7與8的兩個財星，因此就可另組成0987－886693或0988－667943這一組手機號碼。

4號盤：代表丁火(離卦、溫度)

為了證明4的價值，必須透過3，因為3才可持續產生溫度，讓4有能量與溫度，而只有一個3無法證明，因此可以再透過一個3，如此4就有足夠溫度，但為了避免溫度過高，須要有2、1、5才能洩掉過多溫度，然後將這些能量儲存於1、2、5當中，當然4怕0但不怕9，因此可以透過9，4也要有1才能得到成就感，所以就可以組成0929－521334這一組手機號碼。4的財為8，一個8太少，所以可用2個8或3個8，因此組成0988-851334這一組號碼。

5號盤：代表戊土（艮卦）

3與4的能量是屬於一種付出的格局，是比較忙碌的格局，他是要普照大地，讓大地充滿生機，所以是一種付出的能量，為了不要這樣付出所以可以用5，讓大家都為我付出，而且戊土5可掌握更多的資源，為證明5非單獨孤山或荒廢的禿山，所以必須有1有2，證明5有功能性，可讓木1、2其一直在成長的。

土要有能量所以要有太陽存在，並且有雨露之水的滋潤，要有8的果實在成長，所以0988－032215，代表我是一為有能力的人，可掌握權貴。如果尾數用

4則一直在仰賴他人提供能量，當能量足夠後就會為
1、2、4、5、9付出，所以就成了付出多而收獲少。
當尾數用5這也代表凡事必須依靠我。

6號盤：代表己土（坤卦）

　　坤為大地之母，厚德載物，不懼怕任何的數字，
唯一就是4不要貼的太近。6怕4近鄰，6喜歡3的
太陽的無中生有育化萬物，也喜歡承載2的責任，更
在意9、0從天而降的甘露與泉水，來者不拒，多多
益善，6有了3的普照可生花草樹木，可掌握名、權、
利，有了3可用4來突顯3能量的持續，6也希望有
5高山的呵護，釋放機會及更多的水資源，所以就可
組成0934-225096或0935-078996、0934-578996。

7號盤：代表庚金（乾卦）

　　為了要證明自己是一個很有執行力的人必須透
過3，為了證明3存在的價值所以須加一個4，那麼
如此努力與付出，也須有一些豐收成果，所以須要很
多的1及2，可以讓我收成，但也不可太夠盲目，所
以須要有5來約束自己，由上述數字就可以組成0952
－211437這一組手機號碼。

7沒有3就沒有執行力,7沒有1就沒有成就感與收獲,反而會陷入如此認真與忙碌,而不知其價值何在的感慨當中,有了1就可突顯7的價值。而7、1可能產生筋骨不佳,是因為他想賺很多的錢財,太過於忙碌而造成。所以怕其太過忙碌,因此在上述號碼中配予5,讓其知道收斂與休息及調養。

8號盤:代表辛金(兌卦)

8很怕風(庚金),因風一來就會雲消霧散,所以須要5來保護,而如果僅有一個5則又缺少安全感,因此可以再加5產生更佳安全感,但是安全感夠多形成沒有執行力,所以必須有1來突顯8的價值,也須有3的智慧來源,為了不要整天當宅男,所以須要有大太陽的能量,讓8產生價值,8的財是木,透過1與2可使8豐收;由上述就可組成0922−311558這組手機號碼。8也可透過9來洗滌,使8變為亮麗,所以可組成0932-115598。

9號盤:代表壬水(坎卦)

因為8沒有辦法展現出魄力,所以可以用9,但9如果沒有陽光、溫度,就會成為有病菌髒水,為了證明9在日出、日落之間能量源源不絕,所以可以加上3與4,因為有3與4,9就不會因日出日落導致

能量不見，然後透過 2 來依附在 9 之上，讓 9 有機會表現其價值性，讓 9 造成 2 的生命價值，由上述就可組成 0922－223439，這一組手機號碼。

0 號盤：代表癸水（坎卦）

我是 0 是來自於天上給我的智慧、想法與思考，但是這些思考必須要有行動來表現，而要有行動表現，就必須有源源不絕的能量，此能量也來至於天，所以須要有 8，只有 8 才能讓 0 有更好的能量來源，也要有 1 與 2 的行為表現，才能得到成就感，因此可以組成 0988－222110。

0 是屬於付出的格局，0 也代表陰暗，因來至於天，如感覺 0 沒有太陽普照，讓其產生智慧水，也可以加一個 3，讓其產生智慧水，也就是 0988－322110，如此癸水因有 3 的太陽循環，就不會成為是有病菌、病毒的髒水。

◎選擇手機號碼尾數用 168 好嗎？

1、6、8 雖沒有凶象，但所代表能量沒有那麼好，如果選 5 或 6 或 9 其能量會比其他來得好，譬如 815 或 349 或 396 或 125 這些尾數都是不錯的尾數，如業務人員手機是 0928－888879，是不錯，因為 8 是 9

的豐收，8是有點多最好是配3、4最佳，因為有3
處事會更光明，所以可用 0928-348879。假如喜歡1、
6、8這三個數字反而用1、8、6會更好。只要有1
配合6就是女人當家。

在 2015/09/16 第三講中，曾言手機號碼中意就
好，除非要追求某一方面能量才須有所改變，但因為
一般人都很在意本身出生年月日，居住房屋與姓名，
當我們在意的時侯就會產生能量，但也非不在意的時
侯那些力量就不會形成，因為不在意故當發生事故
時，就不會連想到是它讓自己產生此因，故非不產生
吉凶，而是因為不在意，故發生事故時不會連想是因
他所造成，由此也可以反推證明數字能量的價值，而
人因為生辰八字、身份證號碼，居住處所無法更動，
因此最便宜方式，就是花小錢更動手機號碼，讓人能
有想要改變能量，而且手機的能量作用最大。

手機能量是大於一切的能量，他是可以匡住個人
能量的磁波，也因為時常在用，所以能量就特別的
大，這些能量是有價值的，所以個人需求何種能量，
再挑選符合號碼，也就是說應以個人當前工作上實際
需求來挑選，譬如從事業務人員，就挑選尾數為9的
手機號碼，那其力量就可大於一切，當然用3來執行

力量也是很好的。

9是流動性的，剛好符合業務人員必須到處游動爭取生意的流程，所以說選9它的力量就會大於其它，反之若本身為老板，就必須選5或6，因選5、6對任何事務都是聽取報告，外面所有一切都會回歸到自己身上。所以就本身所需要選其尾數，在選好尾數以後再來配套其他號碼。

三、紫白飛星（後天八卦之位、河圖洛書之數）

一般傳統會用168，是因為其諧音為一路發，而168其位置剛好是在白的位置，一白坎水、六白乾金、八白艮土，其何以用白為代表，因為其位置分別於西北方、北方與東北方，而此時正是在秋冬的季節，是佈滿霜雪之時，所以白色代表下雪與結冰，因此所看到的是雪白一片。

九宮圖形為紫白飛星，在西北方位為戌、乾、亥，戌月（九月）是開始在下雪，所以六乾金☰之位代表開始下雪，然後北方與東北方（亥、子、丑、寅）已全是冬天，已全是雪白一片，然而何以二黑為坤土☷（西南方）？其原因是因為太陽太過炎烈，把地面的東西都烤焦了，就如人於大太陽之下日曬，很快就會曬黑一般，因為太陽能量太強，就可以讓人變成黑

色，在南方時是為紫色而已，而東方為碧綠色，代表樹木剛長出新芽，然後東南方的綠色，為樹木樹葉茂盛，此位也是春天之氣，所以說3碧震木☳、4綠巽木☴，也是木接受陽光的一種顏色。

到了南方為九紫是為日正當中，是為火的顏色，是非常的亮麗，然後西南方曬成了黑色，到西方為7赤是因為太陽即將西下，放射出霞光的顏色，然後六白、八白是代表整片霜雪，而5黃為中央土，因為他在中宮並不參與四季的運作，也是人佔立之處，是十二時辰運作的顏色，所以5黃中央土為腳佔之地，而四維方與四正方是四季呈現出來不同的顏色，所以稱之為紫白飛星。而1、6、8在紫白飛星之中也都是吉星，此三方也是奇門遁甲的三吉方開休生，開門在六白乾金之位，休門在一1白坎水之位，生們在8艮土之位。

紫白飛星五行、卦名、數字、洛數、方位與顏色表

顏色	五行	卦名	洛數	方位
白	水	坎	1	北
黑	土	坤	2	西南
碧	木	震	3	東
綠	木	巽	4	東南
黃	土	中	5	中
白	金	乾	6	西北
赤	金	兌	7	西
白	土	艮	8	東北
紫	火	離	9	南

將難經變為易經第五講（2015/09/30）

一、澤水困卦☰☱卦序第 47 卦

在傳統理念看到困卦☰☱，就會有像被困住、束縛住的感覺，困卦如從另一個角度來看，是有錢大富之家（2015/03/25 第四講第一學期紀錄），為何稱是大戶人家？以卦象看有圍籬高聳，內種樹木可清靜生活，不會遭受他人打擾的環境，因此似是大富人家之象，而且也代表很多朋友主動來到家中。

澤水為困的原因，是因所組成的上下卦，分別是先天的坎卦之位，以及後天兌卦的卦位，故由先後天卦位來看就是形成澤水困的卦象，然而困字也代表內含豐富水份的水果，所以困是代表甜美水果，果實如沒有水份則成乾枯之狀，所以不要看到困字就緊張，困也代表水入澤，在易經經傳中認為水往下沉，所以說澤無水為困。但事實上水往下沉，是將水保存在地底之下，所以困字並非大凶。

困卦卦辭：「亨，貞，大人吉，无咎，有言不信。」
象傳：「困，剛揜也。險以說，困而不失其所，亨；其唯君子乎？貞大人吉，以剛中也。有言不信，尚口乃窮也。」
象辭：「澤无水，困；君子以致命遂志」。

第五講

◎以澤水困卦論建築工程進度為何？

要論斷一個卦，先將上下卦組合拆成左右卦方式平放，上卦為兌卦☱下卦為坎卦☵，在卦意上卦為主體，下卦為對應關係，卦象為水進入沼澤，而水入澤他是慢慢的進入，因此代表工作並不積極，所影射為工程是緩慢的在進行。

◎但工程何時可以完工呢？

要看完成時間，原則上是看最後的落點，以今天來論，因現為乙酉月而所卜為澤水困卦☱☵的水入澤，而下個月為丙戌月，因丙（太陽）出現水就會被蒸發，而戌（艮山）為高山水會往外流，因此水沒有辦法存留於高山，由此可以理解到了丙戌月在壬戌日，水就開始往外流，在本年度陽曆 10 月 8 日開始為丙戌月，10 月 13 為壬戌日，也就是陰曆的 9 月 1 日，即代表工程到那時就會完成，也就是在 13 天後可以完成；水入澤他是慢慢的流入，所以問事務工作進形情形，是代表慢慢的在處理。

◎為什麼 10 月 8 日開始為丙戌月（農曆九月）？

在陰曆的月其算法是依節氣來算，而所謂節氣完全是根據地球與太陽的相對位置來推算，因此農曆的節氣它並不是固定在，陰曆的某一天或某一時，這些節氣所代表完全是地球與太陽的相對位置，也就是太

136

陽、地球、月亮宇宙間磁場對應關係,所以說農曆的
節氣會與太陽曆符合,如農曆正月是起於立春止於雨
水,大都在陽曆得二月四日,而立春只是時間上的一
個點,另外在十二地支中,每一地支也代表一個月,
其相互對照如下表。

地支、二十四節氣與月份對照表

地支	月份 (太陰曆)	含蓋節氣(廿四節氣)
子	十一月	起於大雪(節)經冬至(氣)止於小寒
丑	十二月	起於小寒(節)經大寒(氣)止於立春
寅	一月	起於立春(節)經雨水(氣)止於驚蟄
卯	二月	起於驚蟄(節)經春分(氣)止於清明
辰	三月	起於清明(節)經穀雨(氣)止於立夏
巳	四月	起於立夏(節)經小滿(氣)止於芒種
午	五月	起於芒種(節)經夏至(氣)止於小暑
未	六月	起於小暑(節)經大暑(氣)止於立秋
申	七月	起於立秋(節)經處暑(氣)止於白露
酉	八月	起於白露(節)經秋分(氣)止於寒露
戌	九月	起於寒露(節)經霜降(氣)止於立冬
亥	十月	起於立冬(節)經小雪(氣)止於大雪

現在時間為乙未年、乙酉月、己酉日、己巳時、乙丑分（可查萬年曆對照表，換算方法可參考第一學期 2015/05/20 第十一講紀錄）。就上述問題何以是陰曆 9 月 1 日可以完成？按照上述排列之八字，乙丑也代表艮卦（因 24 山的東北方位是丑、艮、寅，先天方位為震卦而後天方位為艮卦，所以丑也代表艮卦），而艮代表山，表示工作進度為山阻擋，因此就會有所拖延，時間進行到丙戌月時，戌與丑刑（傳統上稱之為丑刑戌），因刑（沖）水就可順利流出而不會入澤，所以說到陽曆 10 月 13 日（壬戌日）工作就可以完成。

地支六合：子丑合、寅亥合、卯戌合、
　　　　　辰酉合、巳申合、午未合。
地支六沖：子午沖、丑未沖、寅申沖、
　　　　　卯酉沖、辰戌沖、巳亥沖。
地支三刑：寅刑巳、巳刑申、未刑丑、丑刑戌、子刑
　　　　　卯、卯刑子、辰辰自刑、午午自刑、酉酉
　　　　　自刑、亥亥自刑。

◎如論生病何時會好？

　　也是到 104 年 10 月 13 日（壬戌日）可以痊癒，但如要讓其儘快好轉，用運動或曬太陽也可以，因水入澤代表是被困於裡面，只要把水引出來就會痊癒，在運動時流出汗水，即代表將水引出，所以說要儘快

好轉採用運動方式也可以,尤其當小孩跌倒受傷,因小孩跌倒時都是撲趴在地面上,其象就如是趴在坤卦☷(土地)上,而坤卦☷在後天位置為坎卦☵,代表其跌倒時水氣就進入了體內,所以要將水氣引出才可以,故如要僅快好轉要拜天公或曬太陽(丙代表太陽、天公)。如問病情因水入澤為困☵☱表示查不出病因,也就是代表病情膠著不明。

本卦唯一是問病情,情況是不佳外,餘如問工作運、財運、感情、機會等都是很好,因財運是水入澤代表機運會是自己來。

卦本身是沒有吉凶,而是依所帶入問題而產生吉凶,故不要以卦名來判斷吉凶,卦名只是在告訴我們,它只是一個現象而已。

譬如說把錢放於銀行好不好?當然是好因水入澤把錢困起來;或問此人乖嗎?此人何時會回來?依卦象就是此人很乖,且是水入澤代表時間到了就會自動回來,而何時可以回家就可依坎卦數字來推論。

譬如本日何時可以回家,可以看水入澤時間為何時,此時就代表其回家時間,查萬年曆水入澤時間為癸酉時(酉代表澤,因壬申表示水還在流動,而癸酉代表是水入澤),所以說是 17 時以後就會回來。因為

壬申時申是代表行動、代表乾卦,把壬申轉為卦象則為水天需卦，而需表示還在等待，就代表是尚未回來，另外壬申是水尚在流動，所以表示此人尚在外忙碌之中，而到了癸酉時為水澤節卦，是水進入調節之時，也就是水入庫而有所調節，代表此人已返家。

所以說可以透過天干、地支屬性或卦名來解析，然後再依老師所著萬年曆 17 頁卯酉時時柱起分柱排列表，查知是癸酉時癸丑分會回來，此時間是因癸丑分代表水凍結，也就是在 17 時 10 分至 17 時 19 分之間會回家。

◎如問婚姻？

代表二人都還不想結婚，但感情很好，且水入澤也代表已同居在一起，但兩人都認為不一定要結婚；在澤水困卦只有金與水，而結婚是屬於公開透明與文書登記，而公開透明為火或木（文書），而澤水困卦沒有火與木，所以說目前不想結婚。

如想學習新的事物，因為是澤水困，代表現在還是在膠著時刻，讓很多事情都沒有辦法執行，也就是執行力不夠，水入澤為困代表想法是可以但執行力不夠，所以須要有丙火出現，也就是要透過火的能量才

能把水蒸發，因此可以在 10 月 8 日（丁巳日）在火出現後去執行就會比較積極，而現在只是在空想之時而已。

同時因卦的水入澤代表非常忙碌，因此導致思緒無法處理，而水不停歇入澤，表示一直處在相同環境之中，故要等到相沖之日出現，忙碌情形才能停止，而其沖散之日為丙戌月的戊辰日（陽曆 10 月 19 日），因為丙戌月的戊辰日為丙入辰，而戌為太陽西下，因此是代表開始休息之意，故說要忙碌到丙戌月的戊辰日。

另外看病、訴訟等時日要用沖不可用合，用合則為糾纏不清，而婚姻、合約就要合不可用沖，因為所有的水一沖就會重新歸位，而太陽至戌位時是西沈休息，所以說到此日一切就會轉好。

澤水困卦不一定不好，而是要看所問問題而定，所以判斷一個卦時，不要單獨以卦名為之，而是將上下卦予以平鋪，然後依上下卦對應，五行生剋，天干、地支刑沖會合等關係做綜論，如此才可以得到所要問的問題因由，以及解決之道。其實就是易經理（周易）象（連山易）數（歸藏易）的綜合運用，而且一切是依大自然生態之原則論生剋。

二、澤山咸卦☱☶卦序第31卦

◎澤山何以為咸？

辛金（雲霧）因有高山（艮為山☶）而有源源不絕的能量，也就是說高☶山給兌卦☱（辛金、雲霧）帶來感應，產生源源不絕的辛金故稱之為咸。誠如澤山咸卦大象傳所言：「山上有澤，咸；君子以虛受人。」也就是說原來是沒有的、空虛的，但高山可以讓辛金源源不絕的產生，所代表就是透過有形之物，而產生虛幻的東西來形成水資源，所以君子以虛受人之理是由此而來。

而澤山咸卦☱☶也是須要透過火（丙火、陽光、離卦）的能量才能產生水資源，而所產生的水是往內流動，因此才稱之為咸，反之往外流則成山澤損卦☶☱，損就是往外、損失之意。

咸卦卦辭：咸，亨，利貞，取女吉。

彖傳：咸，感也。柔上而剛下，二氣感應以相與，止而說，男下女，是以亨利貞，取女吉也。天地感而萬物化生，聖人感人心而天下和平，觀其所感，而天地萬物之情可見矣！

大象傳：山上有澤，咸；君子以虛受人。

祖先牌位如何分靈：

◎要將祖先牌位移至寺廟，而卜到澤山咸卦其意為何？

　　此代表祖先之靈不願意離開，因為目前奉祀於此地，他與此地有所感應，他可以保佑居住在此子孫，如遷移至寺廟就不再庇護子孫。

　　假如原處所以不再奉祀，則是屬全部移置而非分靈奉祀，而原處所如仍有奉祀，則是屬於分靈至新居住地，只要不遷移至寺廟，不管是那一樣都沒有問題，同樣可以庇佑平安，讓財富更好感情更和諧，同時也表示祖靈很想到新住地，因為是辛金遇到戊土，從六神角度為正印，而印星也代表房子，所以代表分靈至新居住地是好事，祖靈會庇佑全家平安，財富、感情會更好更和諧，雖目前尚未著手但已有所感，若著手而為則會更加有感應。

　　反之如果將祖先牌位移往寺廟奉祀，則代表從澤山咸卦☱☶變為山澤損卦☶☱，也就是說同一件事如做對則為咸做錯則是損，祖靈分靈或移置之期，可用本年度陰曆 12 月的最後一日，其方法為焚香禱告，然後將牌位置於禮籃，並以黑傘上遮陽光，再將其移至所住新居地。

◎何以須用黑傘遮住陽光？

因祖靈最怕遇到丙火（太陽），因祖靈為丁如遇丙火則會受傷，而黑傘代表水也代表阻隔。一般對祖先最好是每天焚香奉祀，如沒有時間，以初一或十五也可以，但如因故無法按時奉祀祖靈，可事先焚香典報。另外祭拜祖先時所用水須熱的茶水或酒，因祭祀時祖先所亨用的是一種氣，故只有熱的茶水或酒才有氣，結束祭祀後茶水或酒，可傾倒於踐踏不到的屋角，若家裡未安奉神位，祭祀時可以在門口用呼請方式為之，一樣可以產生如澤山咸卦的感應。

家裡有安奉神明就須安奉祖先牌位，要知道神明只是客人，而祖先牌位是長輩，如果只把客人請回，而把長輩置於外這是不可以的，反之家裡有安祖先牌位，而未安奉神明是沒有關係。

祖先靈位與神明皆屬陰物，故不要安奉過多神尊，只要有陰陽調和即可。神為通天地所以也是申，如太多申（7）就會有相爭而造成損財。將祖先牌位請回家裡，並不一定要選擇方位，只要不妨害生活起居或不面向盥洗室處所皆可以，如座向座位還未定位，可暫時將牌位置於金紙之上（要記得先將金紙第一張財子壽抽出），同樣先人骨灰甕如因無時辰或方

向，亦可以如此方法為之。

　　如購置靈骨塔位為夫妻合位，若先生先往生在進塔時，須先置於面對的左邊妻位然後放手，接續再重新移置於面對的右邊本位，反之則是先置於夫位然後再移置妻位，其用意表示位置已「填實」，目的就是不會其有孤獨之感，而將尚在陽世夫或妻招來做伴。另外往生者塔位之選擇，以個人看法還是以數字方式來算，譬如 3215 就不錯，而方位丈量應在塔位之前，而非整棟塔樓建築門前，因骨灰是置於建築物之內而非塔外，其所受影響也是在塔位之處磁場，而非塔外磁場，故方位丈量應以當下塔位為之。

◎以本卦澤山咸▉▉問對往生先人做對年，所顯示之意為何？

　　由卦象而言代表先人非常滿意，他有感應到子孫孝心與誠意。

　　對神鬼燃燒金紙是一種民間的習俗，其是否有得到實在不知道，但最大目的應該是在拉住氣場，而此種氣也就是「未」，而未也代表高溫、代表「土地公」，當燃燒時就會產生高溫，而高溫就可以把水氣拉進來，而未（土）的財星屬水而水也是財，所以說是把錢財拉進來。

◎如問感情、購屋而卜到澤山咸卦都是很好，但如問病情則是不好，咸代表滋生病毒、病菌與病人本身有感應，那就表示沒有辦法掌握病況。

◎問車禍腳傷而卜到山澤損卦☶☱其意為何？

三、山澤損卦☶☱卦序第41卦

大象傳：山下有澤，損：君子以懲忿窒欲。

損卦代表需要有很長時間來修復，而損之修復必須透過木（巽卦），山澤損卦是上卦艮山一直在剝落，而兌卦代表辛金、酉金也代表骨頭，也就是辛金、酉金的骨頭在損，而他必須透過丙（離卦）、巽來修復，而巽卦也是兌卦的覆卦，就是把兌卦顛倒過來時即代表修復完成，我們可依先天卦位來說明，兌卦位於東南方，假如其受傷，須透過南方離卦（火）照射，才能到達先天之巽卦（西南方位），然後由巽卦修復，才有辦法再重回後天的兌卦（西方），也就是經過丙火（離卦）乙木（巽卦），再重回後天的兌卦，如此就可康復了。

誠如數字3215之象，如果只是單獨1就僅代就一顆大樹，但如1（甲木）配2（代表巽卦、乙木、樹葉茂盛，1有2也代表化進神）就代表樹木在成長，而2之位置在後天之位為未、坤、申之所在，而申為

狂風暴雨,也就是甲木須透過巽,才能再次修復結成甜美果實,由此代表車禍腳傷必須透過復健、日照(產生鈣質)、運動(乙木),等手段才能重回健康(兌卦)。所以損卦一定要透過丙、乙才能重回兌卦,因此代表他是不用運用藥物,只須透過丙(陽光、復健)、乙(運動)即可。

故在先後天八卦組合就有很多玄機。其傷何時會好呢?在時間算法為3加2(丙、乙之數相加),也就是有可能是50天或5個月,此就須視個人積極程度而言,若積極而為可能50天就可痊癒,如不起而行也有可能是5年。

四、澤地萃卦 ䷬ 卦序第45卦

「萃」字之象是死亡的士兵依附於草木,而萃也代表聚集及凝聚之意,同時也有種子(辛金)準備從土壤破土而出之意,種子則是精華所聚其能量無限大,一般在開始之初,都認為萃只是種子,是不值錢東西,感覺上他是不顯要的,但當他凝聚破土而出之後,其能量就能無限的延伸,這就是萃卦之意涵。

萃卦卦辭:「萃:亨。王假有廟,利見大人,亨,利貞。用大牲吉,利有攸往。」。

象傳：「萃，聚也；順以說，剛中而應，故聚也。王
　　　假有廟，致孝享也。利見大人亨，聚以正也。
　　　用大牲吉，利有攸往，順天命也。觀其所聚，
　　　而天地萬物之情可見矣！」

大象傳：「澤上於地，萃；君子以除戎器，戒不虞。」

　　於地上種下種子他可能長成大樹，但也有可能枯
乾死亡，因此就有死亡的士兵，依附於草木之上的
象。萃是一種凝聚力一種能量的聚集孕育，但萃
必須要有陽光，有陽光他才可以破土而出，若他有太
多的水份就容易折損，要知道坤卦、兌卦本來就暗藏
水，此二卦組合共同點就在坎為水，因後天的兌卦是
先天的坎卦，而先天的坤卦是後天的坎卦，所以此二
卦聚集共同點就是坎卦，因此如果再遇水種子就沒有
辨法破土而出，所以必須遇到太陽才能有所做為，此
二卦聚集在一起本來就有水，所以並非以水為用神，
而是以火為用神，一般所謂大象坎卦之講，須如雷山
小過卦組合，就是將上二陰爻合為一陰爻，而中
二陽爻合為一陽爻，下二陰爻合為一陰爻，稱大象
而澤地萃卦，只能說大象似坎卦，但也代表有水
之象，所以說是暗藏水份，已有豐沛水份故不宜再遇
到水。

如夜間問事卜到本卦澤地萃卦☱☷，就容易卡到陰，也就是有第三空間者介入之意，如果是白天（遇丙）就容易心想事成，所以從先後天卦來看就似見到了水。以自然界現象來論，丙的能量溫度是要讓種子破土而出，若以人倫現象而論丙之目的，是要人之聚集必須是光明正大，如此才不致於有結幫成派而犯上作亂，紛亂社會國家情形發生。

◎以本卦問交朋友其意為何？

澤地萃卦☱☷是種子依附於土地之上，而現在外面有太陽，太陽可以讓種子破土而出，代表可以交到很好的朋友同學，且這一學期來此上課，可以心想事成，並瞭解一些以前所沒有學習到的知識、理論、方法，故會有新鮮感覺。

五、澤雷隨卦☱☳卦序第 17 卦
◎何以澤遇雷為隨？

依老師學理很容易就可以解釋，是果實必須依附於果樹之上，兌卦為辛金、酉金（果實）所以一定會依附在甲木、寅木之上，是兌卦隨附於甲雲雷之上，前針對手機選號，曾言再多的 8（辛金、酉金）都是沒有用，但是如果有加一個 1（甲木），就產生澤雷隨卦之意，也就是前面的 8 隨著後面的 1，只要有了

1如此前面的 8 才是有用，所以說數字可以用 8、1，代表他人跟隨我，而最後是自己得利，但如果是 1、8 則是自己隨著他人，最後是他人得利。也就是 1 可以掌握 8。

◎然而誰可以掌握 1？

　　是 5（戊土）可以掌握 1。6 可掌握 2，1 喜歡 5、2 喜歡 6。另外如再加 3 則代表有太陽能量，能讓甲木結成甜美果實，以人事而言 3（丙火）代表光明正大，如能光明正大的讓人跟隨或跟隨於人，就如繫辭下傳第二章所言：「服牛乘馬，引重致遠，以利天下，蓋取諸隨」，反之若盲目跟隨他人就如序卦傳所言：「以喜隨人者必有事，故受之以「蠱」，蠱者事也」，所以說不可盲目跟隨於他人（可參考 2015/09/23，第四講 1、2 號盤解說）。

隨卦卦辭：「隨：元亨利貞，无咎」。
彖傳：「隨，剛來而下柔，動而說，隨。大亨貞，无咎，而天下隨時，隨時之義大矣哉！」。
大象傳：「澤中有雷，隨；君子以嚮晦入宴息。」。

◎工作非常忙碌有想辭職另覓他職，然因生活所需致無法辭去此工作，此人不知如何來面對此一困境，

而卜到澤雷隨卦 ䷐ 其情為何？

8、1代表若要辭職必須先找到目標，因為1也可代表目標、領導者，故如果要辭去現職，必須先找到新的工作，在確定新的工作可以之後，才可辭去原本領導者（工作），而再追隨新的領導之人，如果先辭職（即先丟棄1）則是變成了飄渺雲霧，很容易就會雲消霧散，所以須先找到1以後才可以辭職。因為1也是8的財星。

六、澤火革卦 ䷰ 卦序第 49 卦
◎何以澤遇火為革？

是因雲霧（辛金）被火改變，革卦雜卦傳言：「去故也」，後天兌卦之位在西方，而離卦先天之位在東方，如此像是代表太陽東升西下，所以離卦 ☲ 代表太陽、兌卦 ☱ 月亮，也就是說太陽西下月亮升起，而月亮西沈太陽升起，因此就有一天過一天之象，誠如革卦大象傳言：「澤中有火，革；君子以治歷明時。」

革卦卦辭：「革：巳日乃孚，元亨利貞，悔亡。」。

象傳：「革，水火相息，二女同居，其志不相得，曰革。巳日乃孚；革而信也。文明以說，大亨以正，革而當，其悔乃亡。天地革而四時成，湯武革命，順乎天而應乎人，革之時大矣哉！」。

大象傳：「澤中有火，革；君子以治歷明時。」

　　革卦也有丙、辛關係，在十天干中含有辛遇到丙，在傳統學術上辛遇到丙會合化為水，也就是說丙遇到辛出現水，那麼雲霧就不會蒙蔽丙火的眼睛，也就是太陽不會因為金錢利益而蒙蔽自己，所以須將雲霧化為水，見到水才不會遭蒙蔽，丙為太陽、辛金為月亮，丙改變辛之後也改變丙，因此就有治歷明時一天過一天之象。辛金如雞蛋而丙如火，因此有如鳥孵蛋一般，所以澤火革䷰也有孵蛋之象。

◎如搬遷卜到澤火革䷰，情形如何？
　　若搬家卜到本卦，那代表是可以的，因澤火革䷰就是改變，而且搬遷之後會更亮麗，因為從澤（兌卦、雲霧）搬到丙火，代表搬遷之後會更光明亮麗，雖往西的方向搬遷也是可以，然有太陽在東升代表搬遷後還是會再回來上課，另外丙也非固定在一個點，所以是不會定居在那裡，會如太陽般的來來去去運行就如輪迴一般，因此說雖搬遷至該地，但還是會來來回回，如是要有定居之象，就需要辛金遇到戊土，也就是要有澤山咸卦才會定居。

◎如問辭職換工作是否可以?

　　因現在外面也有太陽,代表換工作也是好的,如找工作可以,因為是本身想要改變,可參考老師所著萬年曆21頁天干十神表,辛金遇到丙為正官,而正官代表工作、上司、老板,丈夫,故換工作是可以的,也就是可以找到喜歡工作,但如問工作會穩定嗎?則是不會穩定的,因為丙還是再運行,故找到工作與穩定的在工作上,則是不同二件事情。

　　另外如問是否可以找到理想的丈夫?是代表可以找到理想的老公,是官星(辛遇丙為官星)入命所以也代表可以生兒子。

第六講

將難經變為易經第六講（2015/10/07）

一、問題解析：

◎論手機後六號為 949696 對訴訟案件之影響？

　　在論手機影響上以後四個號碼就可以，所以就用後四碼 9696 來論斷，9 為壬水（坎卦☵）而 6 為己土（平地之土坤卦☷），兩者形成地水師卦☷☵，而地水師卦有水來侵伐之象，因被侵伐故有提出訴訟情形，所以若要止訟最好還是更換手機號碼，有關手機號碼挑選方法，在第四講已有通說可作為參考，譬如後四碼為 3215 就很好，至於訴訟案件何時可以結束，在更換後應可在今年即乙未年就會有結果，若再拖到明年的丙申年，則可能又有新的訴訟案件發生，另外其他同學所問關於手機問題，都可參第四講手機選號之方法，要記得手機號碼之組合，最重要的就是自己想要追求什麼，就依所要的去挑選組合，有如挑菜拿餐盤然後再將所喜歡菜色逐一加入，相對想吃什麼餐才拿什麼盤子。

二、十二地支與人生關係

（一）大運與用神

　　12 地支循環可以代表人生生命的過程，如以現代人壽命約為八十四歲，則每一地支包含七歲，故八

154

字學上何須用傳統十年大運解釋,在傳統大運算法是由年柱而起,如依十二地支循序漸進他就有了大運,從寅卯辰一直到亥子丑的 12 地支,每一個字就代表七歲,因此每一個字也就可代表一個大運,這就是天地給予的大運。

然後年、月、日、時就是出生時的大運,何以年月日時是出生大運,因這些時位代表每個人出生時干支不同,然後將每個人不同干支,再配合十二地支就組成個人大運,接著再搭合流年、流月(所問事物在年月可能發生結果)即可起造大運。要知道問事應以一年之內的事,能判斷的準確最為重要,而言十年會如何?已經涵蓋過於寬鬆不足為據。

問事中所要瞭解事項稱之為用神,而此事項受年月日時的影響就會產生吉凶,即會針對事項中的天干、地支、五行,產生生、剋與刑、沖、會、合、害、破等情形。

◎譬如要問今年財運為何?

就將財運置於中宮,然後看年月日時主宰了什麼?如此就會影響到財可能會變大或變小。另外在卦象解說,所採取則以卦的交互作用作判斷論述,譬如

屬天水訟卦八字的人，其本身在處事上雖很有遠慮
（訟卦大象傳：天與水違行，訟；君子以作事謀始。），
但不代表是處理得很順利，因為過程順利與否則要看
中間阻礙情形（也就是互卦情形），才能促成訟卦結
果論。

（二）字根與地支關係
◎同學提問屬兔（卯）之人，其名字可否有君字？

因其認為卯屬乙木、小花草，代表他沒有辦法稱
王掌令，在一般傳統學術上也都認為不適合，然而應
先瞭解取此字的目的何在？其最大目的應該是一種
期待值，期待他能成為君，故名字不管取任何字根，
在其父母或本身都是一種期待值，而所屬地支（生肖）
只是生命過程中，如何透過此地支屬性來成其君，亦
即是透過什麼方法來成為君。所以說生肖為何？只是
代表他透過什麼手段來達成，而非某些生肖不能有
君，如卯木為乙木、是小花草，而小花草是懂得攀附，
如旁有大樹他可攀附大樹而上，如無也可沿地面擴
散，故他可透過攀附屬性而成為君，亦即做好人際關
係、透過柔性方式就可達成為君。

屬鼠（子）之人就會動用智慧透過思維能力方
式，屬牛之人就會按步就班用踏實方式，但因其比較

冷漠所以就會輸給屬兔之人，屬虎（甲木）之人會按
步就班求知學習後，穩定自己人脈與基礎之後才來達
成為君，因為虎必須透過火的能量才能成長，但因寅
木他沒有辦快速成長，所以須透過長期計畫，如屬雞
（酉也代表果實）之人就會以利益、美麗願景，讓人
認為可以得到利益而來成其目的，即如能依我的意
見，將來有享用不盡的果實。

　　屬猴（申也代表乾、代表執行力、行動力）則有
不依我的意見而行，就讓你們難堪，亦即是透過一種
強迫手段（以力服人）來達成，如未（羊）是高溫他
會吸水，所以他會有憂患意識，所以未的人沒有安全
感，因此對未來說會未雨綢繆，所以他要為君就會屯
積糧食。

　　屬亥（豬）水之人，水是流動的，他是一種積極
行動，他以一種合則共利，不合則用削價競爭執行方
式來達成，屬辰之人因辰可以收藏水，而辰也代表水
庫與酉同，且辰、酉卦位在先後天卦為相同，故兩者
類似，同時水也代表金錢利益，因此他會用金錢利益
方式來達成。

　　而屬巳之人因巳是大的太陽火，表示他會透過其
能力與知名度來達成，但午則比巳柔和，巳是用當前
看得到名聲，而午則是透過能力，因午的溫度比巳還
高，所以是透過能力而非知名度來達成，故兩者表現
方式是不一樣，另外如前述未比較沒有安全感，是透
過憂患意識來達成。

　　屬戌之人他會透過誠信，且戌會釋放水並將水分
享給大家，所以他透過誠信與分享來成為君，因此任
何字根是不管任何生肖，字根是結果論，生肖干支是
過程；所以 12 生肖是一種氣，一種能量的表現，就
是他所要達成目的一種過程，因而字根與生肖並無關
係，故稱叫何名字，他都是只是一種期待值，也就是
因父母親的期待值，然後加上自己潛移默化，因此就
展現出特有的特性。

　　所以說字根上有很多口，表示他會透過語言表達
來達成目的，也就是不管屬任何生肖，只要名字有很
多口字的字根，表示他很會用語言方式表達他的想法，
而生肖只是在表達傳遞個性上會有所不同而已，如屬
申之人因剛硬不知圓融，故在表達上會讓人聽了不喜
歡，為酉之人則有喋喋不休讓人煩躁，屬兔則是言語
柔和讓人會有沈睡感覺。

　　屬戌之人當其說話之時，若有人不聽其所言，就會讓其產生哭泣，要知道口並非僅指嘴巴，其含有臉部眼、耳、鼻等器官，所以戌加口就有哭象，這也就是不同地支之人所表現不同特性，所以說姓名是一種期待值，而屬什麼地支（生肖）的人，就是在造就他期待值的過程，所以一般家庭中所懸卦字畫或詩詞，只要屋主瞭解其中涵意，則這些物品所代表意義，就可判斷都是屋主期待值。

三、卦之解析
（一）、澤天夬卦 ䷪ 卦序第 43 卦

　　澤天夬卦上卦兌卦為澤為辛金，下卦為乾卦為申、庚，單獨以夬卦 ䷪ 卦氣而言，庚會由弱轉強導致辛金會不見，此象就有辛金會被處決情形，也就是兌卦 ☱ 的情性會不見，也因為辛金怕會不見，因此必須透過文書、和約以為有所保障，所以本卦就是和約或契約卦，（周易繫辭下傳第二章：「上古結繩而治，後世聖人易之以書契，百官以治，萬民以察，蓋取諸夬。」）因為如無和約、契約，那本身權利將會受損，因辛為雲霧而庚為強風，強風一來雲霧將被吹散，故庚金之氣強於辛金，所以說必須透過文書和約來解決與保障。

夬卦卦辭: 夬:揚于王庭,孚號,有厲,告自邑,不
利即戎,利有攸往。

象傳: 夬,決也,剛決柔也。健而說,決而和,揚于
王庭,柔乘五剛也。孚號有厲,其危乃光也。
告自邑,不利即戎,所尚乃窮也。利有攸往,
剛長乃終也。

大象傳: 澤上于天,夬;君子以施祿及下,居德則忌。

◎澤天夬卦在六十甲子之組合為何?

若其象是辛☱配庚☰,如此在六十甲子中並無
此一組合,但夬卦的屬性就是本身權利受損之象(辛
金受損),因此應該是含有辛丑之象,因為辛配庚或
配申,都沒有辦法組成干支,但是透過夬卦☱☰的習
性、特性,即辛金的權利會受損特性,而辛金會受損
是因為庚或申的因素而產生,以辛丑而言丑是代表艮
卦(在東北方位為丑艮寅),而夬卦☱☰與申又有何
關連,首先強調他的同屬性,其次東北方位為後天艮
卦之位,而西北方為先天艮卦卦位,另先天艮卦卦位
為後天乾卦卦位。

有地理書籍云:「乾山乾向,水流乾,乾峯出狀
元」,此句話好象有誤在羅盤乾山應為巽向而非乾向,
而又何以有水流乾之語,其實是在解說先後天乾位之

關係,要知道先天艮卦為後天乾卦卦位,也可以說後天乾卦卦位是先天艮卦卦位,所以乾山乾向是在說西北方、南方(先天乾卦卦位)與東北方位的乾、艮關係,如此就有了「乾山乾向,水流乾」之象,所以依澤天夬卦的屬性,兌為辛金而乾為庚與申,如此並無六十甲子之組合,但依上述解說後,就可將澤天夬卦定為六十甲子的辛丑,在辛丑就有辛金權利被凍結之象,因辛金入丑是為辛金被凍結,而澤天夬卦為辛金不見。

　　如是未䷗的辛金䷹不見則為澤地萃卦䷬,而在丑䷗不見是代表被凍結,因丑是代表冰土是結冰、結凍,而辛金也代表果實,因此有果實掉入冰土之中,被凍結掩蓋不見之象,猶如雲霧遇結冰也是被凍結不見,如同果實進入丑的冰庫被掩蓋,當然有可能在冰解後重見天日,所以當辛金不見時屬性為澤天夬卦䷪,但如冰解重見天日,就如夬卦上下二卦對調組合的天澤履卦䷉。

　　何以上下二卦對調成天澤履卦,因為是從陽氣變為陰氣,從有執行力變成沒有執行力,所以履卦䷉言不要因為有了收獲就停頓休息,仍必須保持自強不息的努力以赴。在天澤履卦䷉卦象之中,是因庚辛

二字組合，才定出卦象與卦名，如此並非言周易之經傳不重要，而是先有了這些自然之象以後，再用經文來加以解說，而當初何以用履卦之名詮釋庚辛，就是經文對此象的註解。

　　庚也代表未成熟的果實，而辛則是成熟果實，因此庚辛就代表豐收，當豐收之後在心態上就會想要休息，所以履卦告誡人們必須要行（履有步伐、走、行動，鞋子等意），要自強不息的繼續行動，果實可以由不成熟變成成熟，是因為剛健自強不息而成，故不要忘了此一初衷，也不要忘了此一情性。

　　履卦回復澤天夬卦，是辛金即將被消滅，也就是「夬」字加了水邊，如此就將有被否決的情性，所以必須透過乙木（代表合約、契約文書）的執行力作為牽絆庚金的力量，因只要能牽絆庚金，如此其力道就可被削弱，而不致於再有力量將辛金處決。這就是澤天夬卦與天澤履卦卦象由來。

（二）、天澤履卦☰☱卦序第 10 卦

履卦卦辭：履虎尾，不咥人，亨。

象傳：履，柔履剛也。說而應乎乾，是以履虎尾，不咥人，亨。剛中正，履帝位而不疚，光明也。

大象傳：上天下澤，履；君子以辨上下，安民志。

　　前述澤天夬卦▤▤是以辛丑來代表，如以辛丑而言當然也可代表澤山咸卦▤▤，然而澤山咸卦的屬性是透過丑來釋放辛，辛金會因為有丑而得到源源不絕的能量，但丑也有可能把辛金拉入，並將其掩蓋而形成澤天夬卦▤▤的情形，所以卦象是一體兩面，唯澤山咸卦比較傾向於辛金遇戊土，因為戊土為高山可以讓辛金源源不絕的產生能量。

　　因此如果要組成一個六十甲子（天干地支）之象，那就可以把澤天夬卦▤▤帶入為辛丑，如所帶入為辛未，因未代表平地、高溫，如此就會讓辛金雲消霧散，所以是代表一種聚集與淬練，目的是在淬練辛金，因此才稱之為澤地萃▤▤，澤地萃也代表死亡士兵依附在樹木，所以萃卦也含有一種魂魄的聚集，所以萃卦言用大牲吉（**萃卦卦辭：萃：亨。王假有廟，利見大人，亨，利貞。用大牲吉，利有攸往。**），故含有宗廟或土地公廟之意。

　　八字為辛未的女命是很辛苦，因為從辛的角度，因未中有丁的高溫，而丁為辛的丈夫，為了丈夫、印星（家庭）任勞任怨的付出，所以說女命為辛未者可娶之，反之男命為辛未之人則是非常幸福，因為辛金太太為乙，而乙可以為辛金處理很多的事物，所以說辛未男命非常幸福。

　　上卦辛金（兌卦☱）會因為下卦庚金（乾卦☰）的強風一吹而雲消霧散，也就是如僅是口頭承諾都不算數，因為兌卦☱也可以代表口，卦象下五陽爻而上一陰爻，如所有的陽透過一陰來說明，就像是在開口說話一般，然因陽氣旺盛，會將陰氣之語予以否決，代表空口無憑會有所說不算，因此沒有透過有力的證明（文書契約）本身權力就會不見，這就是兌卦的屬性。所以如卜到本卦，代表最近在權利與合約上，要特別注意並主動去維護，如沒有主動去維護，可能會喪失權利，其原因為當下太陽光很強，丙火一強就會驅動庚金，而造成辛金的受損。

（三）、乾卦☰☰ 卦序第1卦
大象傳：天行健，君子以自彊不息。

　　乾為天☰☰以天干言乾為庚☰，以地支而言為申☰☰，所以乾卦上卦為庚（天干），而下卦為申，因此乾卦組合在六十甲子就稱之為庚申，在第一講中言陽爻代表天，而乾卦由六個陽爻組成，故有天很高之意，乾卦最上一爻謂之上九爻，何以謂之上九爻而不稱第六爻，因為上者仍有再上者，表示尚未終止，如稱為第六爻即已定其位表示已終止，所以說天上有天，也就是尚可再延續而上。

乾卦☰卦象為全陽，依卦象就知此人處事不懂得思考，但本身是很有魄力與執行力，是一個大將軍格局可以用庚申為代表，此命之人處事僅知使命必達，確不知如何應用手段以求達成，所以庚申之人必須要有戊土（高山）才可以懂得思考，其是很好的執行者但很容易盲目行事。所以八字出生日柱為庚申之命的人，如沒有戊土則是很危險。

◎**以天地否卦☰☷為例，天地何以為否？**

是因為庚、申代表天代表很有執行力，不管其處於何位只知前行不知停止，導致原來杏木之頭不見而成否字，就是說不知有所節制才謂之否，所以乾為天喜歡戊、辰（代表知道有所休息、收斂），因此說八字中有庚申而沒有戊、辰者，可以透過戊辰來化解，讓其懂得知止，懂得思考後再出發，就如同**艮卦象傳：艮、止也。時止則止，時行則行，動靜不失其時，其道光明。**

庚申（乾卦）之人是很有魄力，懂得展現個人魅力，但如遇上晚上就很容易形成天水訟卦之象，因晚上屬水之情性，所以庚申日的丁亥時，就含有天水訟卦☰☵的情性，丁亥時是沒有大火（丙）只有小火（丁），而庚申（乾為天卦）原本是一個很好執行者，

但因晚上之時沒有丙，表示其行動未得命令與授權是師出無名，盲目行事就容易引起官訟是非，因為丁亥時（亥時為晚上 21 時至 23 時）之丁，是為晚上故是沒有作用的，表示是沒有經過授權，假如是年、月之丁則有作用，因為年、月之丁並非是在晚上，他是代表太陽能量中的溫度，故雖在冬天（亥為冬天）仍有溫度存在。

所以丁亥之年、月與丁亥時之氣是不同，故同樣是天水訟卦，但在年、月柱之位所配天水訟卦，是會有人來幫忙處理，因為他有經過授權，故其所屬單位會幫其承擔，但在時柱之天水訟卦是未經過授權，因此不會有人來幫忙，所以事情要自己處理。

在六神表中日柱庚申之前（年月柱）遇到丁是為正官（代表公司），所以說公司幫其處理，而在庚申之後丁亥（時柱），則代表未經過授權，因此必須自己處理，並避免牽涉到公司，這就是雖同為丁亥的干支，但要看其是屬年、月柱或時柱，所以說不要看到五行生剋，就說其作用為何，要知道排列組合不同，其能量就不一樣，作用也就不同，而不是五行所屬的數量問題。

（四）、天風姤卦☰☴卦序第44卦

◎天風姤卦上卦乾為庚，下卦巽卦為乙木，何以庚與
　乙組合會稱之為姤？

　　在六神中庚遇乙為正財（正財代表感情、女人、
異性、金錢利益），乙為庚的財星所以稱之為女姤，
而女姤代表女人掌權，也是以柔剋剛之意，在前述乾
卦言庚金為很有執行力，但是只要遇到乙木庚金力道
就會被削減，庚金會因為乙的感情、金錢而改變他的
情性，前述澤天夬卦☱☰亦言，透過乙木（文書、契
約）可以改變庚金情性，可以保留辛金（兌卦☱），
因此在姤卦是庚金被乙木迷惑。

姤卦卦辭：姤：女壯，勿用取女。
彖傳：姤，遇也，柔遇剛也。勿用取女，不可與長也。
　　　　天地相遇，品物咸章也。剛遇中正，天下大行
　　　　也。姤之時義大矣哉！
大象傳：天下有風，姤；后以施命誥四方。

　　房屋如坐姤卦是代表豐收之象，因為庚金遇乙
木為財星，所以居於此屋有財運，且家庭也很和諧，
庚金有乙木表示處事比較柔和，能以柔克剛。

167

◎如問賣此屋是否可以賺到錢？

他是可以賺到錢，因為庚金遇乙是庚金不見變成了乙，是表示把庚金換成了財，故代表可以賺到錢，如要賣屋則是要二個月才賣得出去，因庚金遇乙木其力道不見，表示看的人多但出價人少，故問題與結果之間關係是很重要，如問希望與目標則兩者差距不大。也就是所希望賺到的錢，與自己期望值之間差距不大。

◎如問換公司好嗎？

是可以的，換完後工作會比較輕鬆，因為庚從忙碌變成享成，而且工作是我喜歡的。

（五）、天水訟卦☰☵卦序第 6 卦

天水何以為訟？在天與火言同人，是代表天火同一氣，因為先天乾卦卦位為後天離卦卦位，所以才稱之為天火同人卦。

太陽從離卦☲（東方）上升，而到坎卦☵（西方兌卦位☱）下山，太陽下山的情性是代表著，庚金或火的情性將功成身退，也就是原本庚金力道不見，這也代表其氣魄將不見，因此凡事必須言於公（即訟字），所以八字庚金之人遇到水，遇到任何事都會講

理由，還有就是會受人委託處理事物，所以不管八字為壬水或癸水，其遇到庚金都有這些現象，此種人如沒幫他人處理事物，本身就容易遇上訟事，因為此種八字之人，本身自然就會形成此象，所以此象很適合當律師。

訟卦卦辭：訟，有孚窒、惕，中吉；終凶。利見大人，不利涉大川。

彖傳：訟，上剛下險，險而健，訟，訟有孚窒，惕，中吉，剛來而得中也。終凶，訟不可成也。利見大人，尚中正也；不利涉大川，入于淵也。

大象傳：天與水違行，訟；君子以做事謀始。

　　要知道訟有兩種，一是幫人處理訟事，一是委請他人處理訟事，此種人職業如為律師是最好的，庚☰遇壬☵之象是表示遇事如無法溝通，則有大發雷霆情形，但庚☰遇癸☵無法溝通時，則會以文書方式為之，這是二者在情緒上最大的不同，只要有此八字組合就會有此情形，並不分其彼此間距離遠近，就是此八字不論是在年、月、日、時、分那一柱，只要有此組合就會有此訴訟之情性，因為八字並無所謂的遠近之分，會有遠近之分是因為在習慣上，將八字書寫由右向左鋪排為年、月、日、時，而產生年柱、月柱、

日柱、時柱等，彼此間距離有遠近感覺。

　　若將八字以東南西北坐向方式鋪排，東為年柱、南為月柱、西為日柱、北為時柱，就可發現彼此之間，只是前後左右之分並無距離遠近情形，何以八字可用東南西北坐向方式鋪排？他也是有合理的根據，因為年、月、日、時以東、南、西、北方式鋪排，剛好符合人生的成長過程，要知道年屬木是屬春天之氣，也是人剛開始出生之時，在東北方為丑艮寅之位，從艮卦之位予以切分，艮是成終成始之處，艮是寅木破土而出之處。

說卦傳第五章：

帝出乎震，齊乎巽，相見乎離，致役乎坤，說言乎兌，戰乎乾，勞乎坎，成言乎艮。萬物出乎震，震東方也。
齊乎巽，巽東南也，齊也者、言萬物之絜齊也。
離也者、明也，萬物皆相見，南方之卦也。聖人南面而聽天下，嚮明而治，蓋取諸此也。
坤也者、地也，萬物皆致養焉，故曰：致役乎坤。
兌、正秋也，萬物之所說也，故曰：說言乎兌。
戰乎乾，乾、西北之卦也，言陰陽相薄也。
坎者、水也，正北方之卦也，勞卦也，萬物之所歸也，故曰：勞乎坎。

艮、東北之卦也。萬物之所成終而所成始也。故曰：
成言乎艮。

　　丑、艮、寅之位，丑是結束而寅為開始，所以寅
代表人的出生，經過循環到了丑就代表人生的結束，
丑為冰土是有膨脹之象，所以是後天的艮土（高山），
在擇日學中只有東、南、西、北四個方位；東方起於
東北艮至東南巽，南方起於東南巽至西南坤，西方起
於西南坤至西北乾，北方起於西北乾至東北艮；而這
四個方位就代表人的一生的四個階段。

　　人一出生時是屬東方木，而木一直吸收水、火能
量，水是代表教育是木的印星（代表知識學習），代
表教育的過程，水則是由北方（代表先天）而來是經
木所吸收，因此人有先天記憶，我們稱之為「本能」；
人在學習過程中是依賴，並與父母居住在一起，故此
一時期也代表年柱，所以以前八字中的年柱為一歲到
十五歲或十六歲，用十五歲目的是在符合年月日時的
六十甲子，而十六歲則在符合周易六十四卦，也代表
那時期人類的壽命歲數，但就老師本身研究結果此理
論是錯誤，因為他已不適合現代實際情形，而是要做
時代階段的調整。

　　以目前而言年居三十歲，尚在求學且未結婚並與父母同住者大有人在；另外雖未結婚但已進入社會，就必須接受火的能量，而木也會依其所接受的不同能量，而有不同的生長態樣，譬如密林養幹、疏林養冠，故木之成長是受進入社會的環境所影響，這就是相同的八字會有不同命運的主因。

　　所以火（夏天）的能量代表進入社會後，所受到的外在人事地物的影響，夏天屬火也代表努力工作與付出，然後進入秋天準備結成果實，就是即將看到努力的成果，此時是尚在申時的執行階段，但到了酉時的天澤履卦，則是代表已經豐收（果實在庚金時是尚未成熟，至辛金表示已成熟），然而雖有了豐收，但仍必須繼續往前邁進，不可因已有收成而停止，所以才稱之為履卦，因有了收成就想休息享受，那就會很快的進入戌位，表示將退休而停頓下來，所以告誡人們應繼續往前邁進，因此用履卦為誡，要不然進入天山遯卦了。

　　故退休後如有事業第二春，則可永遠停留在秋天階段，也就是說要讓此樹年年豐收，是取決於自己本身心態；如再進入了亥位雖尚可行走然已了無新意，再一步就進入子位，是水已停止不動是水即將被凍

結，故很快的就會進入墓庫丑，也就是走完人生旅
程，因此後天艮卦之位就是成終成始之處，即由寅位
順者卯、辰至夏至秋至冬天的冰封世界而消失在大自
然之中。

故以東、南、西、北鋪陳架構，是符合當前所說
學理，也就是符合年柱為春天、月柱為夏天、日柱為
秋天、時柱為冬天的時位。所以當要問事之時，問者
就進入了中宮，也就是本身要問什麼？要追求什麼？
要瞭解什麼？想得到什麼？稱之為用神，而非取八字
中木、火、土、金、水五行平衡是用神。

(五)、天山遯卦☰☶卦序第33卦

遯卦是乾（天）遇艮（山），前曾言及先天乾卦
卦位為後天離卦卦位，因此乾（天）遇離（火）為天
火同人卦，先天艮卦卦位（西北方）在後天卦位為戌
乾亥之處，所以當乾（代表太陽、天）運行到戌位，
是太陽即將下山而被收藏故稱之為天山遯卦☰☶，遯
卦代表太陽下山及被收藏的特性。

將遯卦☰☶上下二卦位置對換，則為山天大畜卦
☶☰它有整座山都是黃金的象（因畜也通蓄），遯有
太陽下山因此含有隱藏情性，誠如遯卦大象傳：「天

下有山，遯；君子以遠小人，不惡而嚴。」，所以是遠離小人隱居至高山。

遯卦卦辭：遯：亨，小利貞。
彖傳：遯亨，遯而亨也。剛當位而應，與時行也。小利貞，浸而長也。遯之時義大矣哉！
大象傳：天下有山，遯；君子以遠小人，不惡而嚴。

　　天山遯卦██而言可論為庚戌的象，而天山遯雖為庚金代表乾、太陽，而丙也代表火、太陽、午，因此庚戌也有丙戌的象，但因他是天因此就以庚戌來代表，雖然同一個字但它有很多的字義。

◎譬如「伯」字在五行上代表什麼？

　　由字看右邊為白是西方的氣所以是屬金，但同時也可看成日也可當成水，因日由離卦運行至坎位而坎屬水，太陽即將下山時其倒影會在水面出現太陽，因此就含有日的字根，然而應依何者為主呢？這個就要依據所要論述問題而定，看其想追求什麼，就依其所追求的定其屬性，稱之用神。

　　現以伯字所含金、日、水，來論父居長兄之處，而不允許弟弟前往探望的這種情形下，弟弟何時能夠得到允許前往探望？

　　由金、日、水來看是因為太陽將要下山，而太陽代表父親如此就有太陽被隱藏現象，雖然太陽將下山但終究還是可以看見，因此只要積極行動，在丙出現之時就可以見到，也就是在丙戌月就可以見到，亦即在陽曆今年的 10 月 8 日的 11 時 51 分就可以見到，時間即是在今年乙未年、乙酉月、丁巳日、丙午時，癸巳分此時表示是日在水面故說可以見得到，其方法上可先通知對方，預定在上述時間前往，此時辰對方一定會同意其來探望。

將難經變為易經第七講（2015/10/14）

一、問題解析：

◎號碼為 0925－273521 的手機如何？

　　這組號碼不錯，5 喜歡 1，會產生功能性，1 也歡 5，會有穩定之象，1 遇 7 是一種壓力，但此手機前有兩個 5 的數字可以加以保護 1。7（庚金）會因兩個 5（高山）而變成 8（辛金），也就是庚金（7）遇到高山（5）會變成辛金，而最大原因是由陽氣變成陰氣，庚金變成了陰氣辛金以後，就不會再傷害到甲木（1），而 1（甲木）有穩定根基 5（高山）又有 3（太陽）的陽光照射，能讓他蓬勃而生（2 代表樹葉茂盛，是生命力旺盛之象），所以說此手機是可以用且是很好，用來做生意是可以賺錢。

◎前用澤風大過卦☱☴問小孩面試是否可以成功（2015/09/16 第三講）？老師言可以成功，但結果並沒有得到錄取這是何原因？

　　在前講中曾述及澤風大過卦☱☴是金剋木，表示兌金可以掌控巽木，故說在應試時要謙卑低調，讓人感覺出自己誠意，如果本身氣勢很強那就會變成大過，如用溫柔配合方式就成風澤中孚卦☴☱就可以獲得錄取。

　　如將巽卦置於兌卦之上，則成風澤中孚卦☴☱，代表變成了誠信，原本是我可以掌握他，但低調以後就沒有此情形，反而是變成可以被他接受，並認為很實在，且做事都很配合，所以說在參加面試時，雖本身很有自信，但不可有傲氣，如此就很容易獲得錄取。此次雖然沒有成功，但小孩能力是很好，只要在面試採取上述做為，一定是可以獲得錄用。

　　大過卦並非凶象，是在要求應低調行事。如用澤風大過卦問財運，則是代表快速擁有，而前也曾言快則有過，因巽代表乙木、小花草，還沒有成熟的東西急著要收成，就會形成了大過。

雷風恆卦☳☴卦序第 32 卦
大象傳：雷風，恆：君子以立不易方。

　　在言 1 對 2 二個數字時並非是在言號碼，而大部分是由左邊的 1 代表主體，由右邊的 2 代表對應關係（客體），譬如上述手機號碼後三個字為 521，就稱為數字並不稱之為 5 對 1 或 2 對 1 的關係，所以在唸數字時，要將所有的數字都唸出來，而用 1 與 2 時並非稱之為 12 號，應稱之為 1 對 2 或 2 對 1，是代表主客體關係，譬如用 1 對 2 問健康，首先須確立何者為主體？何者為客體？也就是 1 對 2 或是 2 對 1，現

在就以1對2的關係來說明,即用1與2做為工具來推論事物,因此其與12或21等數字號碼,所產生結果是不同。

1(代表甲木、震卦)對2(代表乙木、巽卦)組成的是雷風恆卦，雷風恆卦為甲木有乙木,代表他是可以修護的,故其修護能力是可以的,縱使目前有一些狀況,但只要看醫師吃一些藥就會好,如是疲勞則運動休息就會好,在1對2是少了火,因此須要曬曬太陽及運動,那麼就可以修護受損身體,樹枝會成長是因為其還有庚金(乾卦),因他隨著庚金吹拂而搖晃成長(如運送動物時運用天敵,以激出其求生意志一樣),也就是要動才能產生氧氣、要動才能產生生命。

所以說須曬太陽及運動,而此卦雷風恆卦與天火同人卦類似,除了太陽之外還須有庚金,而要產生庚金就是曬太陽及動一動,作這些動作其修護能力就會很快,故雖有一些小毛病,也可透過本身免疫力來加以排除,所以說1對2代表有修護能力,因此本卦在健康上,並沒有所謂的好或不好。要知道先天巽卦卦位,在後天卦位為未、坤、申,而申是會破壞木,但木遭破壞後會透過先天的巽卦來修護,這就

是自然界的天然現象。

二、姓名學與天干、地支、八卦圖騰之間關係簡述：

　　姓名學上名字中第三個字有「娥」字者，可以說是在循環不停，也就是在感情，事業上都是一直在循環，尤其在人際關係則是一直在產生新的人脈；何以「娥」是循環不停？因為娥的生命周期很短，當他生命結束後就會重新再來，所以說是一直在循環，在人際關係上就會有一直產生新的人脈，而舊的人脈則會疏遠，所以雖人脈很廣但多不深交，有此字的人如賣季節性物品，如季節性水果，其銷售物品速度會很快，也就是生意會很好，其原因在「娥」所代表的是生命周期很短，也就是「娥」所代表的象。

　　在姓名上不分生肖屬性，只要有人的字根都可以代表木，在五行之中只有木有生命，他與人的屬性雷同，另外有寶蓋字根的人也會比較安逸，想法會比較保守，凡事會先想再做，不會先做再想，如「宸」字代表水庫上有寶蓋，如此就容易滋生蚊蟲，也容易產生水蒸汽，而東西被蒙住也比較容易腐壞，因為水被蓋住就沒有了循環，代表其學習的東西容易一成不變，亦即學了一招半式就用了一生不知道求新求變，在姓名上我們也是只論現象而不論其吉凶，要知道所

有的文字，只有現象而沒有吉凶。

　　如第六講所言姓名只是一種期待值，如宸字就是把東西擺於其內，然後慢慢的享受，如此也表示此人只是活在自己世界裡，不接受外來的知識，就如所蒸發的水氣，遇到蓋子後變成了水，再次的滴回自己水庫內一般，因此也很容易被社會所淘汰，一般生肖學派上屬鼠(子)或猴(申)或屬雞(酉)的人都很喜歡用；此字也有水入庫之象，所以也代表是活在自己世界，雖如此但並不代表有凶象，只是有此名字之人喜歡此一感覺而已。

　　「宸」字並非是有寶蓋不好，誠如上述容易產生水蒸氣等現象，另有此字者讀書之處要燈光明亮，才不會隨著家人之作息而休息，如果只單獨用辰字，則容易產生水循環，因為子入辰為坎龍是為八曜殺（如附註），即坎遇辰為正曜，即生年為子而姓名為辰即為坎龍，代表自己是很安逸，若生年為辰而取了一個子的字根，則是子會入辰，如此在子這邊宮位的人事物會由我所掌控，如此表示是可以得到機會，此坎龍在傳統學術上稱之為八曜殺，也就是子水、亥水會進入辰庫，所以也表示是子水與亥水遭受限制。

　　要知道所有學術應該歸於一種叫大自然，我們稱萬法歸一，不能從地理上理論認為八曜殺不好，而在姓名學上就稱之為三合而認為是好的，所以在學術上不應有此分別，不管如何唯一應該符合的是，天地自然原則才是對的，坎龍在我們的學理只是付出與被受限及被掌控的象而已，因此與八曜殺屬性是相同的。

　　另外如名字為「宸光」則是須透過底下之人予以催促，也就是說透過能力比他強的旁邊之人對照，才知道自己比別人差所以應該奮發圖強，也就是身旁須有比他強之人，他才可以獲得提升，所以宸光之名也是可以的，因為旁邊之人可讓其有積極精神，若全名為「陽宸光」代表此人不積極，凡事必須透過長輩加以指示，才會積極的從事事物，此人何以不積極，因為是太陽在頭上，所以表示須要他人指示才會工作。取此名非父母之錯，是因父母喜歡對其子女每日加以叮嚀的感覺。由此可見文字並無吉凶只有現象而已，也就是我想這樣就好之意。

　　另外如「晨」字，把字拆開為日與辰，所以也為丙辰，在丙辰而言代表日出而做日落而息，但他越忙則錢賺越多，不會白忙一場。何以說不會不忙一場，因辰本身就是水庫，只要越忙則太陽能量越旺，那麼

就有辦法讓水產生水蒸氣及庚金、申金，而庚、申即是代表丙之財富，晨字之人也很注重香火傳承，因為辰是四四方方的東西且上溫度（日、丙火），尤如祖先牌位一般，所以很注重香火傳承，故此晨字是很好的。如用丙辰論病情？則表示此病比較麻煩。如問病因是可以找到原因的。

◎陳俄宏用在我們的學理，解釋為何？

姓名學第三位為子女宮，以「宏」字而言子女會比較安逸，容易活在自己世界所以表示此人子女命很好，且子女進家們後就不想再外出，由此亦可反推此人做事會比較保守，小孩子也同樣比較保守，而「俄」字也代表我，表示會以我為中心，而此字位於夫妻宮，所以夫妻相處會以自己為中心，比較不會接受丈夫之意，當然現在不論生肖為何，也是論現象不論吉凶。

如生肖屬馬則為甲午，而甲代表甲木，而甲木是位於東邊，故甲可以透過東來凸顯，而東方之位為甲、卯、乙，所以甲見到此宮稱之為祿位，因此代表有好的父母，同時也表示與父母互動很好，在個人思維也很好，同時也很孝順父母，因午火的能量能賦予甲木，另外陳也可代表上司、長輩，如此也表示公司

所賦予的任務,都能全力以赴的達成,這也就是午遇到陳現象,因此也可以獲得上司的信任,這就是透過甲午過程來成就陳、成就俄、成就宏,所以生肖、天干地支稱之為過程,透過這些過程來達到文字的屬性,這跟現在所學的學理是沒有違背。

以曾翊晴三個字,透過文字的屬性來論述,羽代表禽類因此以酉(雞)為代表,如是飛字?因飛代表已展翅飛翔(而巳代表速度,故以巳為代表),故有翅膀並不一定會飛,因此不會飛禽類之屬性,就有雞的情性,而已展翅飛翔的,就用巳來代表,但如蚊蠅就以辛金來代表,所以聚集很多辛金之處,就容易產生蚊蟲、病毒,這就是一種類化,也就是把文字(物品)套入天干、地支屬性。

因此有羽毛者是代表酉,而晴左邊日代表太陽(巳),因此由酉角度巳會來合之,在學理上為澤火革卦䷰,而革在雜卦傳言:「去故也」,所以說此人對於感情想要有所改變,並且想要擁有的是以自己感覺為主,也就是自己想要加以改變與掌握,如用晴字右下之月則有坎象,而同時也有辛、庚、酉的象,因為此處也是坎兌同宮,所以月亮可以代表坎及辛酉,尤其月圓之時是為辛酉,如陰曆八月十五就可以取辛

酉之象,因為他是代表圓的象,而酉在數字上也是代表 8,何以言生肖酉代表是排位第十的雞?而在此處何以不是 10?是因為酉代表八月所以言 8,也就是所有的類化要以當下的情境為主。

在我們學理上對文字類化,與八卦、天干地支的取象是相同的,由此就可知道此名字之人是很自我,因為酉遇月也是酉,然後酉遇坎為澤水困卦☱☵,是有想把水拉進來情形,因此他看到喜歡東西,就很想加以掌握或佔為己有,不想讓對方有自己的想法,這就是此一名字的屬性。

所以說只要把文字屬性套入干、支、八卦的圖騰就可以論斷他的屬性,對這些文字屬性並不論其吉凶,因為想要擁有、掌控並不代表凶象,但在擁有掌控所用的手段動作就會有吉凶產生;所以在事業上看到別人的作為後,就會有想要由自己來經營,因為此人是很有學習精神,而且學成之後就很想自己來從事,不喜歡繼續做為他人員工,也就是比較有企圖心、執行力,也因為有此種屬性,因此就有遇不到好姻緣感覺,但事實上人際關係是很好的。

　　假如只知對方的姓而不知對方名字，當然是可以用當下時間來反推，也就是用自己的姓來與之反推，譬如對方為「曾」字然後用自己的姓加以反推，也就是看自己與對方互動為何。

　　譬如自己是姓林，則曾字是可以讓木成長，故代表與他的互動會很快樂，而曾本身也會有成就感的感覺，代表他的話語自己是可以接受，而且彼此之間有說不完的話，也就是彼此之間可以互相分享，且在互動過程之中，可以得到知識與智慧，所以說不用太複雜工具，用此簡單方法就可加以推論。如為同性更是可以互相瞭解，因這就是所謂的同屬性，也稱之為比肩，故在互不認識時，可以用彼此姓、生肖作為工具，來加以推論彼此互動。

　　如丙遇巳是為見祿，而見祿就代表無所不談，但所談內容則是公事，因姓氏是代表公開行為，因為在互不認識時只知其姓，當進一步認識後才會進入名字，即進入第二個字或第三個字，故在不太認識時是用彼此姓氏在互動，而當認識了後可能是用第二個字在互動，而在更熟悉時可能是用第三個字與之互動，因所互動之字屬性有所不同。

所以其結果論也會完全不一樣,所以並不是一開始很好,就會永遠很好,而是要看是那一個文字或那一個宮位在互動,所以在不同宮位或文字下互動,彼此之間就會有不同的結果。故當為人擇名之時,應請其提出在世的三代內之親屬名字、生辰八字,這樣除作為分析外也是表示慎重。

三、八卦之組成分析與案例解說

(一)天地否卦 ☰☷ 卦序第12卦

否卦卦辭:否之匪人,不利君子貞,大往小來。

彖傳:否之匪人,不利君子貞。大往小來,則是天地不交,而萬物不通也;上下不交,而天下无邦也。內陰而外陽,內柔而外剛,內小人而外君子。小人道長,君子道消也。

大象傳:天地不交,否;君子以儉德辟難,不可榮以祿。

天地否卦之否字曾述是因庚金的力道讓木折損,前有同學以此卦問事業,曾論述要其必須找接班人,因為否卦 ☰☷ 在十二辟卦裏是代表陰曆七月(申月),而當運行到七月時,已沒有辦法重回春天之氣(東方、甲卯乙宮位),所以唯一只有透過新的接班人,也就是培訓下一代,才有辦法重回地天泰卦 ☷☰。

　　泰卦是代表春天，也就是春天的水才可以飲用，而春天也為寅月，在十二長生中癸水之長生在卯，到了寅時是有正4的能量，所以到了寅時癸水是旺的，春天的水是可用之水，而秋天之水是不可用之水，是混濁之水，故稱之為否，所以申月是壬之長生，壬水是混濁之水，也就是在七月狂風暴雨之後產生的水，為土石流、髒水是不能飲用，因此才有否之象。

　　地天泰卦▦其主體是在地，因此其庚金是在地底之下，也就是地底下有動的能量，也就是代表有水資源，而此水資源透過了地的過濾，因此水就可以用來飲用因此才稱之為地天泰卦▦，而天地否卦▦是氣已上升至土地之表面，代表水是未經過過濾，因此是不能被使用，故否卦之水是不能飲用，而泰卦之水是可以使用的。另外天地否卦也是行動太過急躁，想法太過於直接，就如同庚金在平地上暢行無阻，所以天地否卦▦需要有戊土。

　　在 2015/09/16 第三講中同學曾問，母親去電兒子不接，甚至親自到其住處亦不應門，到目前亦都沒有聯絡，此種情形何時可改變？

在天地否卦☰☷代表庚金在平地之上，沒有任合阻擋之物，因此可以暢行無止，從乾卦☰主體而言，坤卦☷對應代表己土，因此是必須在有阻擋之時，才能停止下來，故必須在戌月時才會停止下來，也就是說須有高山出現時才會停止，所以在戌月時就會有所改變，也就是在戌月（即在本陰曆九月）的丑日（後天）或戌日，在這兩日必須主動與其聯絡，並說出內心之話，如此即會有所回應，也就是戌月這二日可讓暢行無阻庚金停止下來。

◎天地否卦☰☷同學問會不會噴灑登革熱藥物？

那表示一定會噴灑，因庚金為風為氣流且在己土上暢行無阻，從庚金☰角度己土☷為印星，如此表示此氣體會噴灑在屋子上，而且在六日（也就是己巳日）後會噴灑。

◎以天地否卦問運勢，是表示運勢在提升？

是為暢行無阻，當然也必須看是屬何屬性，也就看屬何問題，因此說否卦本身並無吉凶，而是要看所提出的問題之成敗與生滅才能定出吉凶。

（二）天雷无妄卦☰☳卦序第25卦

无妄卦卦辭：无妄：元亨，利貞。其匪正有眚，不
　　　　　　利有攸往。

彖傳：无妄，剛自外來，而為主於內。動而健，剛中
　　　而應，大亨以正，天之命也。其匪正有眚，不
　　　利有攸往。无妄之往，何之矣？天命不佑，行
　　　矣哉？

大象傳：天下雷行，物與无妄；先王以茂對時，育萬
　　　　物。

◎在天雷无妄卦☰☳中的「无」字與平常書寫之「無」，兩者之差別何在呢？

　　要知道「無」字是代表什麼都沒有，而「无」字
則代表尚有些許，此象在天干地支而言是有庚寅的
象，為何以庚寅為代表？因為寅代表寒木，因為寒冷
就沒有辦法驅動庚金，所以其慾望就會比較少，但是
庚金劈甲木、寅木所以他還有一點點期待值，還想擁
有佔有，再從庚金角度他遇到寅是為財星，也就還想
擁有他，而其之所以无妄是因遇到寒冷的季節，故此
象必須透過火來驅動。

　　天雷无妄卦☰☳的由來是透過☰、☳二個符號而
來，也就是此兩個符號組合才有此卦名，所以說是先

有象然後再有文字，有文字之後文王加入卦辭，而周公再加入爻辭，孔子則書寫了大小象傳與象傳，天雷无妄䷘是為庚金想要擁有財，但庚金想要擁有財，則必須要有積極作為，也就是須要有行動力、執行力，否則火☲就沒辦法來驅動，如此庚金只是空想而已，所以日主為庚寅之人，如果沒有積極行動，其財是沒有辦法擁有的。

在十二長生表中，庚金在寅其能量為0，庚金在寅為0是代表他沒有慾望，是他想擁有但因火的能量不足。所以天雷无妄卦䷘是因為庚金力道不足，沒有辦掌握寅，才稱之為天雷无妄卦䷘。

庚金在寅其能量為0，庚金在巳則其能量為正3，所以庚金長生在巳，但在傳統學術庚金遇巳是火來剋金，既然是火來剋金何以為長生其尚有正3的能量，原來並不是火來剋金而是火來驅動金，庚金☰在午是為正4的能量，如此代表火越旺能量越強，庚金在未是正5的能量，是因為火的能量太旺，所以才會產生天地否卦䷋的現象，也就是做事太過直接；要知道火的能量旺就能驅動庚金，而且坤土☷是為平地，因此庚金可暢行無止不會被阻擋，故說是做事太過於直接才會產生否卦䷋。

◎如問偏財運？

則表示一直都很好，因庚金角度遇到寅是為財，原本只是因為氣不足，而剛剛同學很高興，代表是有火的能量，而有火的能量就能驅動庚金，因此就不是旡妄而是有妄，所以代表財是不錯的。

（三）天火同人卦☰☲卦序第13卦

卦辭：同人于野，亨。利涉大川，利君子貞。

象傳：同人，柔得位得中，而應乎乾，曰同人。同人曰，同人于野，亨。利涉大川，乾行也。文明以健，中正而應，君子正也。唯君子為能通天下之志。

大象傳：天與火，同人；君子以類族辨物。

◎此象何以稱之為天火同人卦？

原來是先天乾卦☰（庚金）之位，是後天離卦☲的卦位是屬同一氣，所以稱之為天火同人卦☰☲，而天火為同人但火天何以為大有，以☰、☲此兩個圖形，一為乾一為離，兩者何者為主宰，在直覺上應該是乾為天為大，但事實上庚金的氣是透過火來驅動，庚金如果沒有火則其力道會不見，如此主宰者是為火，因此在天火同人卦，是乾卦（長輩）把離卦（晚輩）看成是平輩才稱之為同人，反之晚輩把長輩看成

是平輩則是沒大沒小，若火想要掌控如此庚金則是很好的執行，從火的角度，天是金是火的財，天是長輩，願意協助給火財，因此才稱之為火天大有。

所以火天大有卦☲☰是丙火透過庚金、申金來執行，明年為丙申年是為火天大有，所以明年大家賺錢機會會很多，因為在先天上是火天大有☲☰，是天願意釋放給大家賺錢機會，火天大有☲☰是先後天同一氣，在大有卦☲☰從火的角度庚金為財，所以說有很大的財，包括天都想助一臂之力，故在丙申年（2016年）大家都會很忙，但此象在偏財上預測是不會準的，在十神表丙火遇到庚金為偏財，而偏財又稱之為天財，所以丙火遇到庚金是為天財，火天大有卦☲☰是代表天給予財富，因此明年的丙申年是天給予財富之年。

假設出生日為甲寅（震為雷☳☳）之人，在明年是必須經過考驗才有辦法得到財富，因為申會考驗甲寅，所以甲寅須接受考驗後，才能得到財富，如八字為丙火、巳火之人在丙申年，就可以得到天給予財富，只要積極從事工作就可坐享其成，也就是須積極而為非坐在家空等就有，而丙申日出生之人，本身就帶有火天大有☲☰之象，因此只要肯付出，那他就可

以擁有財富。

　　丙申年出生之人明年在傳統學術上稱之為伏吟（如附註），也就是在丙申年或丙申日出生之人，在傳統學術上遇到丙申之流年會稱之為伏吟，而伏吟本身是不好的，但在老師研究上，認為他們明年是走到熟悉的環境，所以在做任何事時，只要是他可以掌控的那他就可以擁有，也就是要與天打交道，即須往外讓太陽照射到，即代表必須付出不可只是待在家裡，這樣才可以得到豐收。

　　在南方的方位上丙、申是同在平行線上，以九宮格中除戊己進入中宮外，餘八格將每格分別填入干支或卦名，即稱之為24山，而丙、申是在同一氣上是同在天位，上面三格稱之為天位，但此天位與六爻所稱天位不同，另外中央部分，除中央一格外，稱之為人位，在下面三格則為地位，所以天位是天給予的，十二地支在天位者，分別為巳、午、未、申，在天位上的天干、地支、易卦，分別有東南隅的辰、巽、巳，正南方的丙、午、丁，西南一隅的未、坤、申，他們都是同在一個平行線上，在此平行線上的都稱之為天位，所以要好好掌握明年之氣。

　　明年丙申年大家都會比較忙碌，但在忙碌之後會有大豐收，而去年、今年在忙碌之後卻得不到利益，好像是白忙一場。但當大家都很忙碌時候，則會有想要靜下來的心思，也就是會想學習如何充電，及讓心靜下來的課程，故明年丙申在身心靈課程就會比較夯，因此從事此課程者也會比較忙碌。但要知道明年是要有付出，才能得到利益，故大家都是在忙碌之中，因此不會有因身心問題而產生反社會行為。

　　以火天大有☲☰論感情是為二地而居，因火會驅動申，代表兩者都是很忙碌，然而並不影響彼此之間情感，所以在感情上是很好的，且可以共同創造財富，但要知道感情很好，並不代表是住在一起，因為丙申年是代表忙碌的象。

◎論兄弟姊妹間感情？

　　代表兄弟姊妹各忙各的，沒有時間互相造訪，如有也僅以電話聯繫，因為丙火☲代表溫度能量的傳輸，丙火要普照大地故彼此間都是以電話聯繫，沒有時間相互見面，而丙申年是丙火驅動申金，也有飛機南來北往之象，如「兆」為已有丙火之象，所以明年之丙是南來北往，故今年乙未年有出國做生意者，明年出國之機率更為頻繁，在感情上兄弟姊妹感情是很好，但就是沒有時間來聚會。

　　論考證照，因火來驅動申會很忙碌（木代表證照），因此心沒有辦法穩定下來，故明年在考證照上是會有阻礙，但對於創業、金錢、利益，則是有加分作用。

◎火天大有卦如論身健康情形為何？

　　則是只要稍為休息就會好，因為是勞碌奔波而產生疲勞，故只要休息就可回復健康，這也就是動之過，故用丙申年問病則是動之過，而動之過只要靜下來就會好。所以說字、卦並無吉凶，只是問題上有不同屬性，就有不同結果論。

附註：

一、**伏吟**：爻之變化成與本爻五行一樣，如寅動化寅、辰動化辰，一般伏吟在卦中解釋做反覆不安，猶豫、舉棋不定。

二、**八曜殺**：

（一）**歌訣**：坎龍坤兔震山猴，巽雞乾馬兌蛇頭，
　　　　　　　　艮虎離豬為曜煞，墓宅逢之一旦休。

（二）**屬性**：龍為辰，兔為卯，猴為申，虎為寅，
　　　　　　　　馬為午，蛇為巳，豬為亥，雞為酉。
　　　　　　　　坎卦納申子辰癸、坤卦納坤乙、震卦納

亥卯未庚、巽卦納巽辛、乾卦納乾甲、
兌卦納巳酉丑丁、艮卦納艮丙、離卦納
寅午戌壬。

（三）八曜煞歌訣分析：

坎龍－坎卦怕龍（辰土剋坎水），辰爻、戌爻為坎卦
之官鬼爻（第二爻辰及第五爻戌）。

坤兔－坤卦怕兔（卯木剋坤土），卯爻為坤卦之官鬼
爻（第三爻）。

震山猴－震卦怕猴（申金剋震木），申爻為震卦之官
鬼爻（第五爻）。

巽雞－巽卦怕雞（酉金剋巽木），酉爻為巽卦之官鬼
爻（第三爻）。

乾馬－乾卦怕馬（午火剋乾金），午爻為乾卦之官鬼
爻（第四爻）。

兌蛇頭－兌卦怕蛇（巳火剋兌金），巳爻為兌卦之官
鬼爻（初爻）。

艮虎－艮卦怕虎（寅木剋艮土），寅爻為艮卦之官鬼
爻（上爻）。

離豬－離卦怕豬（亥水剋離火），亥爻為離卦之官鬼
爻（第三爻）。

將難經變為易經第八講 （2015/10/21）

一、問題解析：

　　在問姻緣時第一次提出數字為 6、3，第二次數字變更為 3、6，最後確定數字為 3、6，如此如何論其姻緣？

　　第一組為 6 與 3，6 為己土（天干排序第六位）3 為太陽、丙火（天干排序第三位），代表太陽會主動普照在己土，讓己土產生生機長甲木及乙木，因此此女是一個非常有自信的人，以卦象而言 6、3 為地火明夷卦（☷☲），一般在傳統上認為地火明夷卦是凶卦，但把卦拆解是 6 對 3，代表太陽的能量是在普照大地，所以說此人非常有自信，而有自信之人往往是眼光較高。

　　接著又改變為第二組數字 3 與 6，這組數字代表他只要願意接受，則機會自己會來，所以說姻緣來的時間會比較快；最後確定數字為 3、6，如此第一組就代表個性。第二組就為未知結果論，因此所形成即是為 3 對 6，3 代表主動而 6 為被動，也就是說要有好的姻緣，不可如以往被動，而是須主動參與社團活動，如此好的姻緣就會來到。

　　而6、3這一組數字代表在家等就有，同時也表示此人能力很強，很多人都會主動來找她，但遇到感情之事就必須往外來求，現在外面天氣為陰雨天，是雲霧遮蔽太陽，是丙遇辛的火澤睽卦☲☱卦象（陰雨天不代表沒有太陽，只是太陽被雲霧遮蔽而已，稱之火澤睽☲☱），所以說此女平時是非常亮麗，然當言及感情之時，就不太積極、主動，沒有平常處事之泰然。所以說他是須要透過媒介。

　　至於姻緣到來之時間，因其尾數為6，因此結果可論為6個月，或是在己土、未年的丑月，而現今（2015年）為乙未年，所以說只要其主動，即認為對方不錯就主動追求，而不要再等待他人介紹，如此在今年乙未年的丑月就會有好的結果，（丑為冰土、高山是較近於戊土，丑、未雖為沖，但並非不好，是陽變陰、陰變陽，代表改變思維，故可做為是好的結果論）。

　　假如在親朋好友之間，如有合適對象欲加以介紹，則應該採取面對面溝通方式，因為3對6組合是在見面後，就會有很好的感覺，因為3是太陽、表現、直接，所以不可採用面對面以外溝通方式，諸如書面、網路或其他方式。

　　天氣變化在問卦時間上，並無實質上影響，而是針對所提問事物狀況才會構成影響。

　　譬如：用己土問財運，如此與天氣並無關係。

　　如是問感情時天氣不好，因在天氣不好時，可能會為下雨，如此就代表感情會主動而來，因為雨水是己土的財星，而財也代表感情，所以說須看卦之組合為何，並非是以晴、陰、雨天等，做為判斷對卦之好或壞，也就是必須看卦之主體五行陰陽干支為何而論斷之。

二、八曜煞分析：

　　八曜煞可參考老師所著萬年曆第33至40頁的六十四卦、六爻、六親卦納甲裝卦表。

　　八曜煞是從六十四卦各卦之官鬼爻而來，而官鬼爻就是六十四卦各卦體各爻所納地支，其地支與本卦卦體之五行相剋者稱之，譬如乾卦（參考萬年曆第33）乾屬金，其第四爻（九四爻）為午火、官鬼（火剋金），天風姤卦也是在九四爻午火、官鬼，天地否卦也是在第四爻午火、官鬼，山地剝卦則是在六二爻巳火、官鬼，火天大有卦則是在上九爻巳火、官鬼。也就是在乾宮八卦（乾卦本卦、一世卦、二世卦、三

世卦、四世卦、五世卦、遊魂卦、歸魂卦）只要有巳火、午火的爻皆稱為官鬼爻。

在卦爻中的世與應，世是代表自己，應則是言對待關係，世爻與應爻都是差三爻，

譬如：
世在初爻，應則在第四爻；
世在第二爻，應則在第五爻；
世在第三爻，應則在第六爻；
相反世在第六爻，應則在第三爻；
世在第五爻，應則在第二爻；
世在第四爻，應則在第一爻。

兌卦也屬金，其初爻為巳火、官鬼，與乾卦相同只要有巳火、午火的爻皆稱為官鬼爻。

官鬼在八字中為十神的正官、七殺，剋我者為官、殺，他是代表責任、工作壓力、上司、長者、刑煞，在陰陽宅中只要所遇方位，剛好有不好看的、尖銳、覺得不舒服東西，那就會形成煞氣，由此反推在那個宮位所看到的是很喜歡東西，則是一種加分作用。

　　在傳統學術上認為官鬼爻是相剋的組合、是大凶，然我們現在所研究學術上就不一定，譬如乾卦在天干為庚金，地支為申金，當乾卦遇到午火（午代表生肖馬）是為乾馬，而兌卦天干為辛金，地支為酉金，當他遇到巳火（巳代表生肖蛇）是為兌蛇頭，但在我們的學理中巳、辛、酉是有合的作用，巳火的太陽並不會破壞辛、酉，而他只是一種改革（有澤火革卦䷰卦象）。

　　而午、巳可以驅動庚與申，所以當乾卦（命）遇到馬（午）稱天火同人是沒有凶象，而兌蛇頭也是沒有凶象，反而是在坎龍有凶象，因坎為水而龍為辰代表水庫，如此坎水會被水庫所收藏，譬如方位在八宮中坐坎卦，即子或壬、子、癸方位，剛好在辰方有尖塞物品如壁刀、不好的東西，如此就會引動不好的氣，因此水就會進入辰庫被收藏，所以就有大凶之象，故坎龍是坎怕遇到辰，然坎龍之位是必須在辰方有讓自己，看起來不喜歡或是恐懼的東西，如此才會構成凶象，如辰方是一個很好的地方，在自己看來有喜悅的感覺，就代表其心想往外，也代表對工作事業的一種投入。

　　譬如辰方有學校而見到學校又有喜悅感,就代表此人無時無刻想要進修學習,也就是他想投入這個點,但如學校有尖塞東西(如屋角或是不喜歡東西),代表此人不喜歡學習,看到或聽到讀書,就會有壓力或恐懼的感覺。也就是那些屬性要套入這些現象、或所謂的形象,而並不是全部的東西都是大凶,但在傳統學術上只要如此方位都認為是大凶。

　　在坤兔坤代表未,位於西南方位(西南方位含有未、坤、申),此方位簡稱為坤卦,所以坤為土,因此認為坐此方位,如在卯方有不好的東西,就會構成曜煞,但在坤土之位是把卯兔之氣拉進來,而坎、龍則是水被辰收藏,所以二者的屬性是不同,所以坤遇卯是機會主動而來,然而坎龍遇到不好的,則是外出才會有事故,在內則沒有事故,故同樣發生事故,坎遇龍所發生事故都是在外面,而坤兔發生事故則都是在屋內或就近的處所,這也就是在陰、陽宅上使用的一個方法。

　　八曜煞訣在一般傳統學術上只言大凶相剋,並未說明其吉、凶原因真實事項,但在我們學術除說明其吉、凶原因何在外,並教導如何判斷其吉凶並加以解析。

三、八曜煞與八宅遊星盤分析：

在老師所著萬年曆 30、31 頁八宅遊星盤，在傳統學術上稱之為八宅明鏡，而八宅明鏡也有進階版的學術，八宅明鏡學說也稱之為東西四命，是為八宅的遊星，即將陽宅分為東四命卦與西四命卦，其實是將其分為陰陽而已。

在傳統上學術上認為水生木、木生火，所以水、木、火稱之為東四命，木有震木與巽木因此木代表震卦與巽卦，而火與水單獨代表離卦與坎卦，也就是離命與坎命及震卦命、巽卦命，因為木屬東故稱之為東四命；然後土、金為西四命，而土含有坤土與艮土，金則有乾金與兌金，這四個即為西四命，就是用此東西四命組成八宅遊年，但是這其中學理有許多謬誤，如果相信易經六十四卦，那麼東西四命則是與之大部分相反，也就是如果相信八宅，則易經六十四卦都不能使用了，因為八宅明鏡與易經六十四卦，有一半以上是相互衝突。

譬如天醫方言：在傳統上稱生病之人住於此處就有機會痊癒，其實不是如此，反而是住於天醫方位就會有可能生病，因為生病才要找醫生，這是因導出果，也就是住在天醫方，如此表示住在天醫方的人都是容

易生病的人。

　　譬如坎宅☵對震命☳為天醫（老師所著萬年曆
29 頁八宮吉凶表）而坎震組合為水雷屯卦☳☵有水
困木的象，而水困木是水傷了木，是木受傷因此那有
天醫，也就是住於此可能會遭受病魔、慢性病，須找
好的醫生才能根治疾病，因此那有長命百歲的天醫可
言，由此就誤解天醫方是好的方位。

　　乾命遇艮位也是天醫，而乾艮組合為天山遯卦
☶☰，當一個曾經風光之人，瞬間要求其退隱休息，
如此由上上轉而到下，失去往日風光的人生舞台，其
心情之鬱悶是可想而知的，此種情形那有不得病的道
理，也因其得病所以才自然而然的住在天醫方，所以
天醫方是生病療癒的地方，因此其何來是大吉方位。

　　坤位遇兌命為天醫，因坤有可能把兌的種子埋
沒，就是所謂的澤地萃卦☷☱，是天醫方位有一些能
量沒有辦法展現，因此產生憂鬱症而需要天醫，由上
述分析可知天醫方非全是好的方位，所以屬性不同，
其吉凶就差之千里。

　　在艮命遇到兌位時稱之為延年，而延年含意仍身體康健可以長命百歲之意，但是艮兌組合為山澤損卦☶☱，是陽壽一直在受損剝落，如此生命很快就將結束那來延年。

　　所以在我們學理上很容易將傳統學理打破，故學習知識要深入瞭解並予實證，所以說對事分析判斷，是應該相信《易經》六十四卦而非八宅遊年，要知道中國五術之哲學大多是從河圖、洛書、八卦、經重卦組成六十四卦，此《易經》的理論是以大自然現象為依歸，是依天地給予的能量為主，而且有了《易經》以後才有研究方位學之人又設此八宅遊年訣等，所以是必須相信《易經》的結果判斷論述。

　　另外在八宅遊年中認為「生氣」是好的，然而在生活當中此二字所代表的就是不順隧，如此何來是好的呢？

　　譬如兌命遇到乾位，其所組成即是澤天夬卦☱☰，澤為辛金他怕庚金搶走其光芒，所以辛金必須透過文書契約來保護，以避免其權力被剝奪，如果無此文書契約，則兌之權力會被庚金所剝奪，如此兌金哪有不「生氣」之理，另外艮遇到坤為山地剝卦☶☷代

表金錢生命逐一被剝，依此現象哪來不生氣呢？所以說「生氣」方位就是發脾氣，哪裡是好的方位呢？

四、同學心得分享：牌卡之使用與分析

　　牌卡有天干、地支與八卦牌卡，就個人使用上而言可做為工作、健康或其他身心靈上的分析，在抽卦過程中原則上是先洗牌（也可由抽卦者洗牌），然後展開牌卡，並請抽卦者觀想提問問題，然後再請其抽取牌卡，如是易經牌卡則須分別抽出上、下卦及動爻卡，個人感覺如此在引動上就可以非常精準。

　　譬如有客戶從事生前契約買賣，其提問一個月內可以成交多少件數，個人就用其抽中牌卡預測其可能達成件數，當時此客戶抽中的牌卡第一張為丙大樹、第二張為己太陽，因此當時就預測其可達成 18 件以上，然而何以用 18 為基數呢？因丙為 3 而己為 6，因此用此二數字倍數為斷，結果此客戶當月達成 24 件生前契約買賣。

　　另其有一個客戶用地支卦象之牌卡，提問家中神明是否已退駕，並問神明退駕後，目前方位在何處，當時抽中牌卡為辰土與未土，未為土而辰為水庫，代表燥土已將水庫之水吸出，因此言神明已退駕，另外

因落點在未，所以就以抽卦處所，定未（西南方）方之位，因當時是在市政府附近處所工作，因此言其現所在位置約是高雄楠梓。

另外也有客戶抽問交友情事，其針對認識兩人分別抽中亥、申與亥、午牌卡，當時個人覺得抽中牌卡起點都是亥，因此在判斷上認為亥午是亥水把午火的財吸進來，亥水得財得感情，而目前此人與亥午對象已結婚，其實這些現象都是依抽卦者，其所抽之牌卡做直接判斷。

一般而言牌卡大部分是以天干牌為主，而地支則是以生肖方式來論斷，在地支而言尚有暗藏天干之數，因此在判斷上是比較複雜，另外使用易經牌卡除抽上、下卦外也須抽動爻卡，當然也可直接上、下卦平放論生剋；譬如同學提問婚姻問題，第一張抽出牌卡為申、第二張為子，如此申就代表主體，而子代表對應關係，也就是所謂的結果論。

如問是否會離婚，則是不會離婚，因此組牌卡卦象所代表為金生水，代表彼此還有感情情愫在，所以短期間是不會離婚的。

◎再以抽出第一張為未、第二張為巳之牌卡，論女兒
之疾病可否痊癒？

　　依牌卡之卦象未、巳皆為高溫，故應是為情緒上
躁鬱之問題，而病是可以痊癒的，此卦卦象之中也有
父母之愛太過高溫（過度的關心），也就是所給子女
之愛，並非是女兒所期盼之愛，因此導致小孩子心靈
上承擔過重，而產生憂鬱、躁鬱之症，所以應加以改
變，可改用分享方式來互相溝通，如此就可讓其疾病
痊癒。

　　然後再以抽出酉、戌論與女兒之關係，由酉在戌
卦象判斷，酉金與戌土是戌土生酉金，酉喜歡戌，代
表其與女兒關係是非常的穩定。以上就是同學在牌卡
上運用的心得。

五、老師對分享之解說
◎ 就上述疾病案例，其何時可痊癒？

　　剛才由卦象分析是情緒、內心之問題，因為在情
緒及內心上，因此遇事總是將其蒙住，以致於到最後
導致心痛血液循環的問題，所以其原因是來自於巳、
午、未，雖然所抽為巳、未但其中間夾帶著午，此並
非是暗藏，在學理上稱之為拱，其義就如台南要往台
中路程，須經嘉義、雲林、彰化，但是車票上僅註明

台南－台中，而省略其中的站名，而路程也確實須經過，中間未列名的這些地方，因此這些地方皆稱之為拱，故表面上是巳與未的關係，但兩者之間切暗藏午之拱，所以說溫度很高，既然知道其疾病是因溫度高所致，所以只要加以降溫就可治癒，因此可透過甲寅來加以降溫，此為甲寅之木來吸收溫度。

透過甲寅之意並非是木生火，而是透過木的能量把火的溫度吸收宣洩，也就是太陽能量照射由木加以吸收，也因為甲寅都屬木，而且寅為低溫可釋放高溫，常言道要人也要神，而所謂的要神即是透過甲寅來穩定與釋放高溫，也就是可以刻甲寅章，讓其在心神情緒不寧時，用紅色印泥讓其將白紙蓋滿，然後將所蓋滿白紙燒化，而行動上可讓其走入人群，人群也代表木的屬性，此方法可由熟識朋友之處著手，讓其與人多多聊天如此就可療癒。

再而與女兒關係為酉☱與戌☶，此卦卦象為澤山咸卦☱☶，因此是有密不可分關係，由卦象看女兒很需要母親，但母親對她則是毫無辦法，雖毫無辦法但彼此關係還是相當融洽，但如果是戌對酉時，成為山澤損卦☶☱，則其屬性又自不同，所以酉戌代表母女關係是好的。

　　因此在酉、戌關係上透過甲寅讓酉產生價值性，使戌土穩固是有加分作用，因甲寅也可穩住酉與戌關係，並讓未與巳釋放能量與溫度，所以說是可以痊癒，以卦象言此病也有半年之久，所以只要馬上處理就可以解決，因為現在正逢戌月，而接著為亥月，是代表溫度在開始下降，所以只要透過上述所說方法，如此疾病就可痊癒。

六、八宮吉凶表與後天八卦之數公式運用

先天八卦與河洛圖書之數關係表

兌卦（東南方） 河洛圖書之 ☱數：4	乾卦（南方） 河洛圖書之 ☰數：9	巽卦（西南方） 河洛圖書之 ☴數：2
離卦（東方） 河洛圖書之 ☲數：3	中宮 外 10，內 5	坎卦（西方） 河洛圖書之 ☵數：7
震卦（東北方） 河洛圖書之 ☳數：8	坤卦（北方） 河洛圖書之 ☷數：1	艮卦（西北方） 河洛圖書之 ☶數：6

註：河洛之數即為後天八卦卦位之數，是由繫辭上傳
　　第九章的大衍之數而來。

在八曜煞與八宅遊星盤分析中,所繪圖表(如上圖)為先天卦位圖表及我們使用的方位所代表之數,因為先天卦位並不代表方位,它是代表地形地物的形象也是所謂的體,而此體是用來求公式用,何謂求公式呢?即相同的方位卦位與卦命相遇,即稱之為伏位,如乾位遇乾命、兌位遇兌命,坎位對坎命,可查老師所著萬年曆 29 頁的八宮吉凶表。

◎但坎命是由何而來的呢?

可查 29 頁三元六十甲子男女命卦速見表,年命干支對照表,如生年歲次為民國 48 年,天干算法為個位數減 2,因此天干由 8 減 2 為 6,而六在天干排位為己,地支算法為生年除以 12 就其餘數代入地支排序,故將 48 除以 12 地支之數結果為整除,當然也可餘 12,而 12 代表地支排序為第 12 位是為亥,然後將天干、地支組合,即是歲次之年干支,因此 48 年次干支為己亥年,然後再將己亥年比對三元六十甲子男女命卦速見表,48 年屬中元之位且為女同學,經比照以後可知是中元的坎命。

因此當坎命住於坎位(坎位是依羅盤量出之方位,即北方)就是為伏位,而伏位與自己的命卦相同是代表坐在自己命卦,因此有加強意涵,即好會更好而壞則會更壞之意;而坎(7)遇離(3)是為 3 加 7

是為 10，所以只要兩卦(命卦與方位卦)卦數相加為 10 的皆稱之為延年方。

　　而兩卦(命卦與方位卦)卦數相加為 5 或 15 者皆稱之為天醫方，然後合乎生成之數的 16、27、38、49（此乃河洛之數即所謂：天一生水地六成之，地二生火天七成之，天三生木地八成之，地四生金天九成之、天五生土地十成之，此剛好開頭有參個天兩個地，故又稱參天兩地），稱之為生氣，這些方位在傳統學術上的伏位、天醫、延年、生氣等都稱為四大吉方。

　　然後還有五鬼、六煞、禍害、絕命等稱之為四大凶方，當兩卦(命卦與方位卦)卦差距在 1 稱之為五鬼，當兩卦(命卦與方位卦)卦差距在 2 稱之六煞，兩卦(命卦與方位卦)卦差距在 3 稱之為禍害，兩卦(命卦與方位卦)卦差距在 4 稱之為絕命。

　　以上卦與卦差距為 1、2、3、4 者的這些數，須先扣除合乎生成數、相加為 5 、10 或 15 之數以外的才納入，譬如 7、8 二卦相加為 15 是為天醫方，則不能論為差距為 1 的五鬼方，4、6 相加為 10 是延年方，不能視為差距為 2 的六煞方；這就是所繪先天卦位圖表，卦位與數之公式運用，也就是老師所著萬年曆上

第 29 頁的由來，然後再延伸到 30 頁與 31 頁的八宅遊星盤的圖表，在 30、31 頁的圖表為陽宅八個方位，符合羅盤上 24 山方位，也是後天八卦的方位，所以後天八卦即在言方位，季節、時間。

七、易卦動爻後主、客體變化解析

對易卦運用我們學理都是以上卦為主體，下卦為客體或對應關係，另外如有動爻（動爻之意即陽爻變陰爻，陰爻變陽爻）時則將動卦視為達到對應關係中的過程，以水火既濟卦 ䷾ 而論，在傳統學理認為水往下而火往上延燒，因彼此互有交集故稱之為水火既濟，其初爻動則成水山蹇卦 ䷦，六二爻動為水天需卦 ䷄，九三爻動為水雷屯卦 ䷂，但到了第四爻動時就必須特別注意，我們強調上卦為主體、不動的為主體，而動的為客體，故上卦一動就表示其已非主體，而是要以不動的卦為主體，也就是將不動下卦上提改為主體，而將動之上卦下放改為對應關係，因此水火既濟卦第四爻動就非澤火革卦 ䷰，而是火澤睽卦 ䷥，又如九五爻動也非地火明夷卦 ䷣，而是火地晉卦 ䷢，上六爻動也非風火家人卦 ䷤，而是火風鼎卦 ䷱。

◎以水火既濟卦論面試是否可成？

一開始為水火既濟卦，是因有火讓水有溫度能

量，因此表示本身是很有自信，但到了第四爻為火澤
睽卦，表示到了面試場所，會有一些能量沒有辦法展
現出來，也就是在家時為水火既濟的有自信，但到了
面試場所就會火澤睽卦 ䷥ 現象，因為火澤睽卦是雲
霧遮蔽了丙火，故到了面試場所不要有所驚嚇而導致
表現失常，應該知道自己是有能力的人，所以說到了
面試場所用謙卑的心，然而也不要失去了自信。這也
就是以水火既濟卦 ䷾ 為主體，然後是火澤睽卦 ䷥
為過程與結果。

　　在牌卡上之抽牌第一張為主體，第二張為客體為
對應關係，如此則是沒有所謂動爻，如果有動爻那就
以動爻為結果論，而當使用易經卦時都是有動爻，因
為吉凶悔吝生乎動，也就是說上、下卦之組合，原本
是沒有互動的關係，但當卜卦時將其重新排列組合為
主、客體之對應關係後，他就會產生吉凶，所以牌卡
第一張與第二張就會產生主、客對應關係，因此就有
了吉凶，而易經卦有六爻其動於那一爻，傳統上是用
本卦然後依動爻而變成之卦，而之卦就變成了客體，
因此不變的卦應是主體，將不動卦提為上卦為主體，
而將變動的卦下放於下卦，就如水火既濟卦第四爻
動，非澤火革卦 ䷩ ，而是火澤睽卦 ䷥ 。

附註：卜卦

一、卜卦原則是無疑不卜。

二、而最古老方法是撰著布卦，即用著草布卦，然後再逐一衍生其他卜卦方法，如金錢卦、梅花易數、時空易數（時間起卦法）、姓名易數、方位起卦法（天干地支配屬）、牌卡等等數十種卜卦方法。

三、最古老撰著布卦方法是記載於易經繫辭上傳第九章。

　　天一地二，天三地四，天五地六，天七地八，天九地十。天數五，地數五，五位相得而各有合。

　　天數二十有五，地數三十，凡天地之數，五十有五，此所以成變化，而行鬼神也。

　　大衍之數五十，其用四十有九。分而為二以象兩，掛一以象三，撰之以四以象四時，歸奇於扐以象閏。五歲再閏，故再扐而後掛。

　　乾之策，二百一十有六；坤之策，百四十有四，凡三百有六十，當期之日。二篇之策，萬有一千五百二十，當萬物之數也。是故，四營而成易，十有八變而成卦。八卦而小成，引而伸之，觸類而長之，天下之能事畢矣。顯道神德行，是故可與酬酢，可與祐神矣。子曰：「知變化之道者，其知神之所為乎？」

將難經變為易經第九講（2015/10/28）

一、從動爻說起：

在第八講中特別強調，在卦象符號中是以上卦為主體，下卦為客體而取得卦名，所以在卜卦取卦論卦過程，是以上卦或不動變的卦為主體，下卦或動變卦則為客體，然而何謂動變的卦？即在卜卦過程中，有動爻出現的卦體，稱之為動卦，而產生動爻後須視動爻所在爻位，再從新論斷主客體對應關係，因為有動爻代表有新的思為，所以有動爻的卦，應在動變後重新依動變情形組成新的卦象。

如前述不動的為主體，而動的為客體，所以在卜卦過程，如果是下卦有動爻（1、2、3爻）而上卦（4、5、6爻）沒有動爻，那同樣由不動上卦為主體，而有動爻下卦為客體，然後將不動上卦與動爻後的下卦，從新組合為一卦，以乾卦☰☰為例，如第二爻動（動爻為陰爻變陽爻，陽爻變陰爻），從新組合後卦象為天火同人卦☰☲，其主體仍為上卦乾卦☰，而下卦則成為離卦☲，但當上卦有動爻（4、5、6爻）而下卦沒有動爻時，則須由不動下卦為主體，而有動爻的上卦為客體，然後將其從新組合為一卦。但要特別注意：凡複卦（八純卦）上卦的4、5、6爻之動會多了

一組之卦的卦象，乃就其在原本所動的爻位產生陰陽爻之變組成之卦，再以上下異位重組主、客體之卦為其最終的結果論。

以火天大有䷍為例，如第四爻動，其從新組合之卦為天風山遯卦䷠，主體改由不動的下卦乾卦☰，而下卦則為動變後的上卦艮卦☶，就成為天山遯卦䷠，這是依所動爻位不同，而從新設定的主、客體的對應關係。

如果上下卦同時都有動爻時，則上下卦位置就不用再更動，仍以原本主體為主，即上卦仍為上卦，下卦仍為下卦。譬如山天大畜卦䷙，同時動了初九爻乾☰變巽☴與六四爻艮☶變離☲，此時即是上下卦都有動爻，如此就不用再上下卦置換，仍依原卦的位置來加以論判，而變卦後所重新組合的火風鼎卦䷱，即是做為其結果論。

一般的論斷以山天大畜卦䷙六四爻動為例，山天大畜卦六四爻動，其重新組合卦為火天大有卦䷍（一般論法動四、五、六爻時上、下卦不用調整），而其解釋是依據這兩個卦的卦象，並從相互對應關係開始，大畜卦代表其富有是隱藏於內在，而大有卦的富

有則是凸顯的，並形之於外，當由山天大畜卦▤▤，轉而為火天大有卦▤▤後，代表的是由內在隱藏性的富有，轉而為凸顯並形之於外的富有。

　　事件由開始到結束必有其過程，在論述過程上是依卦的互卦為主（一般採用中互卦論斷，互卦內容如附註說明）。如上述卦是依據上、下卦對應關係而論斷，但當有動爻時，則必須視動爻之爻位，然後依有動爻者為客體，而不動者為主體的方式，從新組合後再來論判，如山天大畜卦▤▤六四爻動，因動爻是在第四爻，故重新組合之卦為天火同人▤▤，而原卦山天大畜卦（▤▤）轉變過程即為所謂互卦，震卦▤（上互三四五爻）為木，與兌卦（下互二三四爻）為金，而變卦為離卦▤（動爻卦）為火，所以此卦是從主體的金，客體的土，然後經上互震木，下互卦金的過程，繼而再到結果的火，所以卦之論斷是依據上、下卦主客體對應關係，但當有動爻時，則必須視動爻之爻位，重新律定主客體關係從新組合，然後依據就互卦之過程，再到變卦的結果論來加以論判。

　　這種方法也是梅花易數使用方式之一，但梅花易數是沒有將卦名加入，然而要將變卦組合成卦也可以，以山天大畜卦而言，是從主體的乾金到結果的離

火，因此最後是火來剋金，故其結論是有凶象，其論述上過程概略的說是為土來生金，所以此事開始對其是有助力的，然而過程中又因故變成木，而這個木卻稍有阻礙，雖然此時也有貴人出現，但最終還是沒有辦法抵擋，所以最後是火來剋金因此為凶。

　　以上梅花易數以五行生剋方式來論斷吉凶，一般而言在傳統學術上之認定也是如此，但在老師個人認為此關念有偏差，應該不是火來剋金而讓金受傷，應該是火來驅動金，因為變卦變成了火，則是成為天火同人卦，而同人卦卦象是天與火同一氣，並沒有火剋金的情性，所以沒有火剋金的凶象，因為火（丙火）來驅動金（乾金）是代表積極、有魄力與行動力。

　　然而所謂火來驅動金，則是為丙庚的關係，因為丙、庚才有天火同人之意，如為丙、辛（兌金）則成澤火革卦☱☲，澤火革☱☲是丙火或丁火在改變辛金，就如高溫熔物一般，正在改變物品，所以由六十四卦的組合可以證明，當前所學學理是正確的，也就是卦名是我們的學理。

　　另外也可參酌萬年曆 20 頁的數字十神表，當主體 3 丙火對到庚時，是為金錢、偏財、感情，因此才

稱之為大有之意，就是主體為火時如遇到金（庚金或兌金）都是為財，但乾卦的庚金與兌卦的辛金稍有不同，其中比較不同之處是乾可以代表大，且乾是陽剛之氣，所以才稱之為大有，雖然火遇到辛金也為金錢、正財、感情，但此處不強調財而是睽，因在卦象是為火澤睽卦☲☱，何以此處不強調金錢，是因為太陽遇到了雲霧，雲霧就很容易蒙蔽丙火眼睛，因此丙火就很容易為了利益、金錢、感情，而來蒙蔽自己的眼睛，因此才謂之為火澤睽☲☱，但雖不強調財，但財還是存在的。

所以睽字右邊癸是來自於辛，而左邊的目是來自於丙，故可以清楚的看出丙火代表的是目，常言道天有日、月（天有丙丁、太陽、月亮）人有雙眼，即是此意。所以說眼睛被雲霧（辛）蒙蔽了，辛金也代表雲霧與雨露，而雨露也是癸水，所以癸水是從辛金轉變而來，所以當辛金蒙蔽丙時就稱之為睽，也由這些主客體關係上，可以證明上卦為主體下卦為客體。

當動爻在第四爻或第五、六爻時，代表有了動爻的上卦已非主體，而是須由不動下卦當為主體，因此就必須將下卦提為上卦，這也就是以動爻爻位，而從新律定的主、客體對應關係。

　　在卦符號與天干地支，是先有卦的符號，然後才有天干、地支，因為符號只是強調一陰一陽，然後再化為日、月，接著因為社會複雜，事情並非如此簡單，因此才一直增加符號，也就是由一陰爻、一陽爻，增而為二陰爻、二陽爻、再增為三陰爻、三陽爻，而形成了不同的組合，即由原來三畫卦而成六畫卦，由八卦化為六十四卦，所以說先有了符號，然後才有天干、地支，而學八字之人，再從天干、地支著手，而學易者是直接由符號下手，而其他的數術、學術如紫微斗數、陽宅學、姓名學等，也依其所傳述方法著手，但最後還是必須回歸到《易經》。此就是所謂的一本(陰陽定律)散萬殊，萬殊歸一本(陰陽定律)。

　　以上卦位之動爻的主客互互變是在不用爻辭時，直接以卦象互動時所使用的元始大自然法則，此法則在解釋開始、過程、事項的結果論時快、狠、準，但如使用《易經》原文之卦爻辭時，又有不同的應用方式；這一切都是在強調《易經》日、月變化的三種過程：簡易、變易與不易之詮釋法則。

二、八字中丙與辛的關係

　　八字有丙辛之人其處事，在傳統上認為丙辛是合化為水，但實際上並非如此，而是丙與辛合化期待變

為水，也就是期待水的出現，因為丙辛二者之合化觀念是錯誤的，而是要變為期待才是正確的，而其何以期待變為水，因為變為水之後，辛金就不會蒙蔽丙火的眼睛，所以當丙辛組合在一起時，如其期待值出現而化為水（丙火遇到癸水為事業、正官、責任），代表雖然感情、金錢出現，但不會為了感情、金錢而來蒙蔽自己的眼睛。

因為自己還有責任所在，乃癸是代表正官、壬是代表偏官，而官星代表一種責任、職務及壓力，所以就不會為金錢、利益而蒙蔽自己的眼睛，然而期待化為水時，可能會有壬水與癸水出現，所出現為壬水或癸水時，則會因其組成性質有所不同，導致最終結果論的不同。

丙辛合有癸水時是為正官，而癸水是由天而降，因此代表有天生智慧，所以有丙辛合又有癸水或子水出現，代表此人聰明絕頂，如出現的是壬水則壬水會洗滌辛金，若辛金如為珠寶，經過壬水沖刷，反而會更為亮麗，所以稱之為天生麗質，因此八字只要出現丙辛而遇到壬水，則是天生麗質，所以說出現的水如果有所不同，其最終結果論也是有所不同，然而如同時都有此二者，則代表了天生麗質又聰明絕頂。但沒

此二者亦無關係，因為尚有日、月、年更替的流年、流月、流日出現，作為沖合的引動。

　　丙與辛合化期待變為水，就是期待因水的出現，可以讓雲霧消失，而雲霧消失不見，其意是為不在意金錢、感情，因此丙火就不會為金錢、感情，而蒙蔽自己的眼睛，因為丙是代表有知名度、有權貴的人，而有知名度、有權貴之人，很容易為金錢、利益，而蒙蔽自己眼睛。

　　然而丙與辛有了壬水或癸水的出現，也不代表辛金就會消失，如丙為男命，那辛金就是他的正財、太太，所以不會因為有了智慧太太就不見，所以可以解釋為，不會因為感情而蒙蔽自己，因為他還有正官、偏官的責任，所以該做的事還是會做，也就是不會迷失自己；其不會迷失自己最大原因，是來自於他有正官、偏官、七殺，也就是說有了壬水或癸水後，就比較不會迷失自我。

◎若有辛沒有丙但有壬，如此其心是否會迷糊？
　　要知道辛遇丙是一種改革，因為主體是辛（雲霧）當辛遇到火（丙）時，就不會迷迷糊糊，會改變自己並自我約束，如此才稱之為澤火革 ䷰，所以主體為

辛金，遇壬水為洗滌，使辛金更亮麗，所以其心就不
會迷糊了。

　　而天火同人卦☰☲是先天離卦☲，其後天卦位在
先天乾卦卦位，因為先後天同在一個卦位，因此才稱
之為同人卦，如果主體在丙火時，會因為辛金關係而
蒙蔽眼睛，因此卦名就稱之為火澤睽卦☲☱。

　　所以每一卦的組合，會因主、客體不同而產生變
化，就如《易經》的六十四卦之卦名就是我們的學理
依據。所以只要能抓住原本面貌，就能掌握其大意。
在《易經》或天干、地支，只是一種符號稱呼，他們
本身並沒有所謂的吉凶。

三、卜卦、八卦牌卡之用法與案例分析：
◎以上述山天大畜卦論房屋何時可以賣出？

　　如用簡單方式，山為主體為戊土（☶）而乾卦為
客體（☰）為庚金，而所問主體為何時可以賣出，其
落點是在庚金的屬性，所以在庚月可以賣出，也就是
主體是何時可以賣出，故只要主體變成庚金時，就代
表即將可以異位，所以當庚月或申月就會出現庚金，
因此說在庚月或申月，房屋就可以異位換人。但如果
要知道為什麼要到庚金出現才賣得出去，那就要看其

中互卦的變化。

因為主體為艮山☶遇到客體為乾金☰,代表是土來壓制金的結果,因此他在短期間是賣不出去,原因就在土阻擋了金,而土阻擋了金之意,可能是價錢不符合期許,所以捨不得賣,而在過程中出現震木(上互卦震木),代表有買方的出價接近所期許價格,但是自己還是希望有更高的價錢,所以又變成金(下互卦兌金)又來剋木,因此後悔上次接近所期許價格何以不賣,到最後導致因房屋買賣而有心急情形(變卦為火,因此有火驅動金情形),到了最後雖出價沒有以前那麼高,但只要自己認為合理,且價錢也不太低時就願意賣出,這就是由互卦互動說明,此房屋買賣的一種過程。

當然也可用上下互卦所組成的卦名,來說明其房屋買賣的過程,譬如把上下互卦組合,則成為澤雷隨卦☱☳,也代表房屋還要跟隨自己,所以沒有那麼快可以賣出去,但最後的結果是變成火☲的情性,如此把主體(乾☰天)與最後的結果(火☲離)結合,而二者即組成天火同人卦☰☲,代表到最後房屋還是屬於同一個人,故可以說是還沒有賣出去,這就是買賣的過程,但所提問的是何時可以賣出的時間點,則是

變成庚金時可以賣出，所以到了庚月或申月，因會出現庚金，所以就可以賣出去。

而此申月或庚月，即是明年丙申年的庚寅月或丙申月（庚寅月沒有賣出，則是丙申月，也就是民國105年8月8日），因為下卦是為最後落點，而最後落點代表時間、方位、季節，而卦轉為干支才有明確的時間、方位、季節。由此可知不用知道卦名，只要知道戊土與庚金，是代表山（☶）與天（☰）的二個符號，就可以論判所問事物，所以說只要知道符號，所代表天干、地支，就可不用知道六十四卦卦名，就可以用來論斷事物，而六十四卦的卦名正是本套學術的學理。

◎明年國運如何？

個人所預測的卦，並不代表所有景氣，只是代表個人對於這件事情的融合度而已，其意如有10個人祈問國運卦，則可能會出現不同的十個卦，如果是64個人問，也有可能出現《易經》所有的六十四個卦，如此應該相信那一卦呢？

所以如要抽卜國運卦，須由國家領導人親自為之，如果每個人都要問國運，其所代表只是自己與今

年的一種互動關係,也就是自己今年運勢而已並非國運。

◎要問三年後的房價如何?是否與國運有關?

　　此乃非為國運。此以個人的立場問國運卦是不準的,但如問家運則是會準,因為個人可以主宰一家人運勢,所以提問三至五年房價問題,並非所謂的國運,只是代表自己,對三年後的現有財富的一種增減、分配,亦即個人在三年後與這個時期,所產生的一種起伏,所以並不能定此為所謂的國運。

　　要論賣屋或是三至五年後的房價,如卜出風山漸卦䷴(卜卦方式詳如附註說明)其意為何,所代表是可以賣出去否?三至五年後房價是維持當前情況嗎?是比現在好呢?或是更差?

　　依卦象其互卦(傳統上互卦都以中互卦為主,以3、4、5爻取上卦,2、3、4爻取下卦,此法稱中互,上互卦三爻卦為離卦(3、4、5爻),下互卦三爻卦為坎卦(2、3、4爻,另外互卦說明詳如附註)為火水未濟卦䷿,而且風山漸卦本身並無動爻,以漸卦而言是沒有辦法快速賣出,但他會由小而變成大,因此最終是可以賣到好的價格,因為乙木(巽卦)在高

山（艮卦）上成長，他是可以變成大樹的，代表此屋
在販賣過程中，價格會慢慢提高，因此短期間可以先
行出租，也就是養屋之意。

互卦代表此件事的一個過程，所以在這樣過程
中，則會有短暫後悔（互卦之象為火水未濟卦），然
而現在是白天太陽（丙）照射於水面，會產生庚金與
辛金，而庚金與辛金是為丙之財星，所以雖然短期之
間未見錢財，然而是正在養屋之中，因此可以讓其慢
慢增值，最後如乙木在高山成長一般，可以賣得更高
價錢，這也就是最終結果論。

1. 問開業是否可以順利完成？
2. 是否會與老公一起經營？
　　用八卦牌卡第一次抽出震雷卦☳、第二次抽出艮
山卦☶，而抽出動爻為第一爻（也就是最後的結果論）
其意為何？

答：1. 用牌卡原則上是把第一次抽出立為上卦，因為
上卦代表形於外、彰顯，代表第一次看到的影像，第
二次抽出為下卦，如此就組成雷山小過卦☳☶，動爻
為第一爻，因此動卦為雷火豐卦☳☲，因雷山小過卦
代表甲木種於高山土中，而甲木是經由小樹木漸漸長

228

成,因此表示已有長遠計劃,且已規劃妥當,然後由原來穩定情性(戊土)變成彰顯(丙火),因此代表是即將開張之象,所以說開業是可以順利完成。

答:2. 與老公是否會一起經營?

此卦象雷山小過卦䷽,動初爻為䷶豐,在整個卦象並未出現兌金或乾金(主體為上卦為震木,震木丈夫為乾或兌),所以說此事並不考慮與丈夫一同經營,雖然在上互卦有兌卦,但那是因丙火之關係,也就是與下卦組成澤火革卦䷹故非不能有兌金出現。

然而此處何以是言澤火革卦,而不取一般傳統上的互卦卦象?因一般在用卦時,並沒有固定取法,可以用連續三個爻為一個卦,然後再與下卦或是下面三個連續的爻,組成一個六爻卦,因此處所提問是創業及丈夫共事問題,所以非結婚事由,且提問主體為女主人,故不以上互卦(3、4、5、6爻組成之卦)所組成雷澤歸妹卦來作解釋。

如是問婚姻則採此卦來作解釋,代表可以找到好的丈夫,而且老公也是百依百順,就是可以嫁到所要嫁之人,而所嫁之人會牽絆著自己,所以說雷澤歸妹

☳☵卦與澤雷隨卦☳☱此二卦是同時存在，也因此卦
才有所謂的上下易位情形（即卦之上下交易）。故在
此處才以澤火革卦來解釋其象。而澤火革卦代表改變，
因此原要與丈夫一同經營想法已有所改變，故說不會
再考慮與丈夫一同經營。但如果是乾金則成天火同人
卦，代表會與丈夫一同經營。

　　震卦的卦位是在東方，代表早上日出之處，而兌
卦的方位為西方為庚、酉、辛，而酉為 12 生肖的雞，
在早上日出之時雞會鳴叫起床，他是由西方兌金之位
移往東方鳴叫，因此在生肖姓名學稱之為司晨之雞，
而何以是如此呢？這也就是在卦象中的澤雷隨卦之
意，是兌金跟隨東方之木，而非木隨兌金，這與大自
然屬性是不謀而合，所以六十四卦卦名、符號，就是
天地間大自然的一種學理、符號。

　　而在雷澤歸妹卦，是代表女孩要嫁丈夫，有如古
代皇帝要嫁女兒或妹妹，因雷是言有知名度的人想要
嫁人，而其完成婚嫁後，老公因娶到權貴之人，故丈
夫會以她為貴為主，因此稱之為雷澤歸妹卦☳☱，也
就是甲木的丈夫為兌卦，因此到最後形成了澤雷隨
☱☳，即是兌卦娶到權貴女孩。

◎牌卡第一次為兌卦☱，第二次為坤卦☷，而動爻在第五爻時，論當前進行事業何時可以完成？

依所抽牌卡卦象，原卦為澤地萃卦☱☷，此澤地萃是代表聚集，他代表須將很多配料組合在一起，所以是符合所要從事的肉醬事業，聚集須要有火，因為未中有丁有火的能量，代表是在熬煮東西（辛也為果實），因此在六十甲子的象義當中為辛未，當要論述何時可以完成時，則可依此卦過程來論，因動爻在第五爻（第五爻變成陰爻），因此可以將其上下易位，組成為地雷復卦☷☳。

剛提問人亦言所承租住址為 16 號，而地雷復卦也是 1（甲木）6（坤土），復卦代表重新開始，卦是由剝卦而來，剝卦言碩果不食，因此代表以前曾經從事過，因有曾經從事過才言復，所以其落點是在 1、6，即木與己土之象，因此在庚寅月時就能順利推廣（丙申年、庚寅月，即明年 1 月），所以可以從現在開始籌備、規劃，屆時即可順利的推廣。

透過此卦象如果沒有上下易位，直接以陽變陰方式組成，則為雷地豫卦☳☷，而雷地豫卦代表一種快樂喜悅與猶豫不決，此與目前的開始籌備、規劃，又有所衝突顛倒，因此問題與地雷復卦屬性是比較雷同

（也就是復卦由剝卦而來之意），所以說直接由動爻爻位，而將上、下卦易位其準確度會更高。

如澤地萃卦䷬主卦，則雷地豫卦䷏為之卦（變卦之後的結果論），而其過程（互卦）為風山漸卦䷴，也就是由萃卦變成風山漸卦，代表是慢慢一步一步的來，最後結果論為雷地豫卦䷏，則與目前的事實是不符合的。

所以整體卦象呈現是由符合物項屬性的萃卦，而且又是曾經從事過的復卦，然後是籌備、規劃很久的風山漸卦，所以說是一步一步而來，在成就其事業的現象，即由一陽來復的出生，再而一直的增加至六爻全陽，也可說是由兌金變成了乾金。六爻全陽乾為天䷀代表佔有全部市場，就是要推廣的可以順利推廣，也即庚金的風行天下，因為乾金本身就含有火的情性，所以是為火天大有卦䷍，因此可以透過此象，而得到金錢與利益。

附註：
一、 在第八講附註中己言卜卦方式，現就金錢卦進行方式說明如下：
1. 拿出錢幣先定其陰、陽面，原則有人頭一面為陽

另一面數字或花紋就為陰。如果定了錢幣陰、陽面方式後，在往後卜卦過程中均須依此為主，不可再有所更動，以避免卦神紛亂，而影響提問之卦象的結果論。

2. 然後默禱祈求畫卦祖師伏羲、卦辭、卦文、解說文王、周公、孔子等聖賢，祈求出現解答所提問題的卦象。

3. 卜卦時可以一次用六個錢幣，其中用一枚不同規格代表動爻，將六個錢幣一次撒開，每個錢幣代表一爻，然後依上到下之錢幣位置，及其陰陽面，一樣依錢幣之位置，由上而下定其爻組成卦象，並視不同規格錢幣位置設為動爻（如不同規格錢幣位在第三爻，則第三爻為動爻，代表此爻如為陽爻則變為陰爻，如為陰爻則變為陽爻）。如此撒完一次就可組成一卦。

4. 也可用三個錢幣，每撒一次代表一爻，如二陽面，一陰面則為陰爻，相反則為陽爻，如全是陽面或陰面代表動爻，可以在此爻作一個記 號如 O 或 X（陽面時為陽爻變陰爻，陰面時為陰爻變陽爻），陽爻用 O 代表動爻，陰爻用 X 代表動爻，然後也

依序由下而上組成卦。撒完六次就可組成一卦。
卦爻組成由下往上，代表由地底下扎根，也就是
所謂的根、苗、幹、花、果、籽。

5. 如用一枚錢幣則每撒三次為一爻（也可用三枚錢
　　幣，每撒三次為一爻，如同 4. 之方法），如二陽面、
　　一陰　面則為陰爻，相反則為陽爻，如三次全是
　　陽面或陰　面代表動爻，可以在此爻作一個記號
　　如 O 或 X，然後也依序由下而上組成卦。此方法要
　　撒完十八次才　可組成一卦。

　　有動爻的卦如動爻在下卦，則不用上、下卦易
位，而由動後變卦直接與上卦組成之卦（如火天大有
☲☰初爻動，直接組成天火風鼎卦☰☲），若動爻在
上卦，則須上、下卦易位，即改由下卦為主體，上卦
為客體組成之卦（如火天大有卦☲☰九四爻動，組成
天山遯卦☰☶），之卦即所謂變卦，也就是卦象最終
結果論（梅花易數上論斷稱之為主、客、互、互、變）。

二、互卦：

　　互卦有上互卦、下互卦、中互卦，上互卦是由三
四五六爻組成、每卦的三四五六爻組成另一個卦象
（三四五爻為下卦、四五六爻上卦，如天地否卦☰☷

所組成上互卦為天風姤☰☴），下互卦為一二三四爻組成（一二三爻為下卦、二三四爻為上卦，如天地否卦☰☷所組成下互卦為山地剝卦☶☷）、中互卦為二三四五爻組成（二三四爻為下卦、三四五爻為上卦，如天地否卦☰☷所組成，中互卦為風山漸卦☴☶，在傳統上所謂互卦都以中互卦為主，稱之過程。）

　　但仍有所謂的包卦，包卦是代表外表顯現與內在所隱藏的稱之包卦，即由1、2爻與上爻包3、4、5爻之卦，或5、6爻與初爻包2、3、4爻之卦，如風山漸卦☴☶，包卦有風水渙卦☴☵及山火賁卦☶☲，但一般較很少用包卦）。

將難經變為易經第十講（2015/11/04）

一、民俗解說與案例解析
（一）神像與祖先祿位牌之擺設

　　一般家庭是否可以供奉福德正神（土地公）雕塑神像？若同時又有觀世音菩薩雕塑神像，如此二尊神像應如何擺放？

　　一般家庭是可以供奉福德正神（土地公），但最好不要與觀世音菩薩，供奉於同一供桌上（供奉神像是指雕塑神尊，非貼於神明廳上彩繪圖像），因為土地公代表未土，而觀世音菩薩代表酉金，如將未、酉擺放於同一處，則酉金將會被迫害，若將此二尊神明供奉於同一供桌上，則半年內家中之人，就會長出不良東西，而且是沒有辦法掌控的腫瘤，且也會有很多麻煩事情發生，所以最好不要同時供奉在一起。

　　土地公與觀世音菩薩如果非供奉不可，原則上須供奉在不同樓層，或上下不同供桌，若採上下不同供桌，也不要將兩尊神明，採一左一右方式擺放，而須用一前一後方式供奉。

　　香爐方面可在每尊神明前設置，然也可以在二尊神明前地上（合適地方）設置公爐方式為之，有關合

適地方可用文公尺丈量，只要是文公尺屬吉喜之尺寸處（紅色字體）就可以（文公尺說明如附註一），而丈量方式須由桌外沿起到香爐外沿，供桌二邊與門或牆壁距離，相同的也可用文公尺丈量，原則上至有吉喜尺寸擺放即可，設置日期可擇用滿日當天。另外除有特殊喜慶節日，或延年、延月外（即年底、月底時接續至翌年年初或翌月月初），燃香時間不用全日或至隔日。

當年若運氣不佳，則可用大掃除方式去除晦運，而大掃除日期應在 11 月份，或隔年正月 15 日之後，確記不要在十二月份為之，如此才可避免氣之中斷可讓其氣延續。神像擺放先後順序，原則是後請入神明擺在前面，但必須焚香禱告，徵得神明同意後再為之。家中設置神尊大都依奇數為主，因奇數為陽，而陽氣為動，故轉化過程很快，而偶數為陰、為靜止、為執著，所以陽為氣、陰為執著，因此設置神像為雙數就為執著，代表家中之人凡事都非常執著，同時神明也產生執著於此情形，而沒有辦法迅速處理，供奉者家中大小物事，這也就是所謂質與氣的平衡原因所在。

　　家裏有安奉祖先祿牌位，而沒有供奉神明是沒有關係，但有供奉神明就須安奉祖先祿牌位，一般人為陽而祖先祿牌位為陰，因此安奉祖先祿牌位，有陰陽合和之意，另外祖先代表的是家人，而神明則是為客人，故沒有將家人擺在外面，而將客人安置於內的道理。如果朝拜時不燃香，則應敬奉熱茶、酒、鮮花素果，因該等物品才有氣，神明或祖先是得其氣而已。另外遇事欲向祖先稟報，其最好時辰為每日卯時或酉時，尤其酉日酉時最容易心想事成。

　　若家庭中同時供奉亥、戌、酉等三尊神明，則此家主人平常對家人、自己都非常的節儉，但對宮壇、寺廟等捐獻就非常的大方，其原因是戌之後的亥其財是流失的，因地支戌，戌屬高山，而遇亥，亥屬水，因此就有山水蒙卦之象，山水蒙卦為有山上之水往外流失的形像，而水代表財，因此代表錢財往外流失，若供奉順序相反，改為酉、戌、亥，如此在亥之後為戌，則其所形成形像為為力爭上游（因水要漫上高山須不斷努力聚集），代表住於屋內之人都非常努力，但因戌之後為酉，亦有山澤損的剝落之象，故說只要同時供奉此三尊神明，則對宮壇、寺廟等，就會很捨得付出錢財。

有長輩言因巳、亥沖，所以在巳時勿食豬肉（排地支第 12 位的亥，代表 12 生肖的豬），另在公部門服務之人亦不可食用，因可能會導致職務無法晉升；這是同學在學術上的使用方法應用之一，能學以致用是相當好的，也謝謝您的分享。但依我個人會覺得在巳時食用豬肉會比較香甜，因為巳會讓亥有溫度。但在公部門服務之人確實少吃為妙，因亥本身就會破壞丙、巳（丙也代表公部門）而丙、巳為家中男主人或上司、老板，所以時常與亥接觸，就容易讓丙受到傷害，如此升官機會就會變少，所以公部門服務又想晉升者，最好少吃避勉來破壞丙、巳。

◎認養他人為義父母，是否會承擔他人之業報？

認養他人為義父母，並不會有所謂承擔其業報情事，若在認養前有不明異象或夢境，是代表有不明物事在阻擋，讓他產生恐慌，所以最好就不要認養。在一般傳統八字學術上認為如在八字上，帶有正偏印或二印星之人須有雙父母，因此在出生後就會托付給他人或神明當義子，如此就可凸顯其具有雙父母之象。

（二）收驚

收驚方式很多，最簡單方式就是禱念木火土金水，其程序先點燃三柱香，然後在接受被收驚者身體

前後（由前胸腹經頭頂到後背），禱念木火土金水21遍（21為7乘3，代表火來驅動庚金，因受驚是體內有辛金或酉金，透過了7的庚金，就可加以驅除），然後再念：**前三後四，凶神惡煞盡迴避，千災萬厄盡消除，神兵火急如敕令！敕！**

最後以點燃香頭在杯水上方，隔空寫上木火土金水在劃三個圓（杯水最好用一半煮過熱水，一半生水混合的陰陽水最佳），然後將杯水交由被收驚者服下即可。（有關收驚方式如附註二）。因木火土金水是宇宙萬物共同語言，如此就可不分宗教且也無所謂派別之分。

另外一般佛號為具有陰氣的辛酉之氣，因此念太多辛酉之氣，則越念會越憂鬱，因此脾氣不好之人可以念，因它可以平靜身心，有安神定魄作用，而憂鬱之人則不可，因越念會越覺得心神不寧，所以改念宇宙共同語言，木火土金水會更好。

在第九講中言：司辰之難是由酉位（西方）移至卯位（東方），這也就是所謂的澤雷隨卦☱☳，所以當事人將公雞圖像倒貼，又置於洗手台底下目的，是因酉也為坎卦之位（酉在先後天為兌、坎卦之位），

而將酉上下反置，即將兌卦反置為巽卦，因此就有讓水流出之象，而又置於洗手台底下，代表將原來水流出去除，再而重裝新水意涵，因為水也是思想、觀念、知慧，代表去除舊習慣，重裝新習俗之意。

小孩子在外地或回來後，有哭睡情形，是因小孩體質較為敏感，如當下無香燭之物，可以劍指（伸出食、中二指併攏）於小孩前、後面身體，各書寫一遍元亨利貞，但書寫前要先行禱念，告知附於某某小孩身上，無主孤魂野鬼避開，以免遭受傷害；「元亨利貞」是為乾卦☰☰卦辭，因小孩比較容易沾上不好無形異物，而乾卦有庚申之象，而庚申能去除不好無形異物，而不好無形異物有可能是為辛☷或為酉☷，因此透過元亨利貞所代表暢通、春夏秋冬、庚申之氣來加以去除。

在法事上使用鹽米以去除無形污穢之物，因鹽米是代表春夏秋冬之氣，而且鹽也代表亥水，而米代表巳火，亥水、巳火兩者也代表陰陽，而陰陽可以將污穢無形異物驅離，其原因為無形污穢異物，可附著於鹽米之上，而鹽米在污穢異物空間，就如炸藥一般，可以使他們產生苦痛而離開，所以鹽米平時不可亂撒，如需要撒鹽米，則需先告知無形之物，否則容易

得罪他們而招致麻煩。

在「氣」之字內中為米，所以平時運氣不佳時，可更換家中煮來食用的稻米品牌，如此就可改變原來的氣場，也就是說換米代表換氣，故換米就可以不用再去改運，但如果是每日外食，且在不同地方，那則是屬於雜氣，其氣已不專，故不可同此而論。

前往喪事場所致意，應該要先讓體溫降低，因為身體溫度過高，就容易將周遭陰氣吸拉到體內，因此可先到就近有冷氣商店，乘涼或喝涼水後再前往，因為如此就可先將身體溫度降低。

另外也可採用攜帶樹葉方式為之，因為樹葉為乙木為巽，而辛金、酉金（鬼魂之意）可以馬上棲息於巽之上，使用樹葉目的其實也有卯、酉的陰陽對待之意，然後在致意完成離開後，再將樹葉丟棄即可。此也就是將辛金、酉金附著於上的樹葉丟棄，所攜用樹葉應為七個葉片，樹木則為七年生的樹齡最佳，而其長為七公分或十五公分，若無法計算長度、年份，原則上以七個葉片為主，可以不用紅包袋包裝，可直接放置於身上口袋，完成致意離開後，將樹葉丟棄即可，若身體已遭附著無形異物，可用具有濃烈香氣香草榨

汁服用，然後將剩餘汁液用來清洗身體，如敏感體質而八字又有辰字者，因辰中有乙木，且為先天兌卦，而辛、酉是後天兌卦，因此是屬同氣，故辛金、酉金比較容易依附。

前往醫院探病，可用紅包袋內裝三個銅板（零錢），如此可以避免因遇上往生者移靈，而有可能遭依附情形，因此作為具有丙、巳之像，就可以事先預防遭依附，而紅包袋可在離開後丟棄於垃圾桶（三個銅板收起來直接買糖果吃），如紅包袋已攜回家裡之中則須燒化。而用紅包袋其意就是賦任務，就如新店開張等喜事，在致送盆栽時，於栽植樹木上繫上紅色蝴蝶結，其意也是賦予任務之意，所以紅色是賦予任務，上述物品若沒使用紅色來裝置，則他們是不能發生作用的。

前述前往喪家致哀使用樹葉方式，在前往醫院探病時也可使用，而二者最大不同，在於樹葉是讓其來依附，而紅包袋內裝三個銅板，是事先預防遭依附，所以二者用途是不一樣。

屬虎是屬寅木，故在參加喜宴時應加卯木(☴巽)，其方法是用紅包袋裝樹葉五片帶於身上（不要離

身），如此就有火在照射，讓其脫離寒氣而能順利成長，因此形成雷風恆卦䷟，除可遮擋原來屬性外，又可讓新婚夫妻天長地久恩愛永恆。樹葉五片之意，代表有穩定根基可以成長茂盛。在大喜之日都有新娘之喜，因此透過此方式來轉化，如此彼此之間就不會造成傷害。

若當天是正沖屬虎之人，亦可參加大喜喜宴，原則上只要不站立於同位方即可，譬如八字為丙午者其遇壬子日時，不要站立於北方如此即所謂不站立於同位方之意。事實上沖也不會有事故發生，而不沖也不一定會沒有事故發生。而沖其實是一種陰陽，一般所謂門當戶對是過多之象，而陰陽是為各半而組合後才是一個圓圈，而沖也剛好是 180 度，是一直線是對待關係如此就可組成一個圓。

屬虎之人若要擔任花童，或參加這些事物，同樣也可以使用上述方法，這也就是代表對他人一種尊重，能有如此作為也是一種善行，如此一定可獲得天的眷顧，要知道風水地理不是沒有作用，但他也不是讓人都有作用，他是留給有福德之人，由歷代帝皇後裔狀況，及名頭顯赫的五術老師，都不能發達情形，即可證明風水是留給有福德之人。而福德之人就是能

隨時自我約束與行善之人。

　　另外在傳統禁忌上，如家人中有人往生，而未超過百日時，最好不要再參加他人婚喪喜慶，原則上可禮到人不到。若非去不可，則可用紅包袋，裝三個十元硬幣帶在身上，此即有丙火丙巳 ☲☲ 亮麗之象即可去除陰氣（因喪為陰氣），另外新人大喜之日是大火之形象就如同 ☴☱ 中孚大象之離 ☲ 火，因此可去除不好無形之物，故本身尚有喪在身，應知避免碰觸新人。但實際上有喪在身者參加他人大喜，是不會有任何事故發生的，因為新娘為大喜之火象 ☲，可以去除這些無形之穢氣，而要如此作為只是避免引起他人不快而已。

　　家人中有人往生想辦嫁娶喜事，則必須在百日之內，如此謂之順孝娶，如已超過百日則須滿一年後方可為之。

　　家中如有除濕機，機中所除裝之水，很容易聚集無形異物，因此必須在白天拿到見天之處，倒於水溝之中，如此就可化煞，當然可以澆灌種植於戶外的花草，但不可澆灌戶內的花草，如住高樓大廈則可拿到見光的陽台，倒於陽台水孔讓其流失即可。

二、風山漸卦 ䷴ 卦序第53卦

漸卦卦辭：漸：女歸吉，利貞。

彖傳：漸之進也，女歸吉也。進得位，往有功也。進
以正，可以正邦也。其位，剛得中也。止而巽，
動不窮也。

大象傳：山上有木，漸；君子以居賢德，善俗。

　　風山漸卦 ䷴ 是乙木依附在戊土，是乙木在戊土
之上慢慢成長，因此有漸之象，而乙木也是春天之氣，
而戊土為高山之土、是硬的土，而乙木屬淺根植物，
在硬土之上必須慢慢的扎根才能成長，此也有卯、戌
合之象，而卯戌合在傳統學術上稱之為合化為火，此
火是代表要有溫度及太陽能量，要在春夏之時才可以
穩定成長，如果在秋冬之期，反而會變成山風蠱卦
䷑，而山風蠱卦 ䷑ 之象，即是在秋冬之期移植樹
木，樹木不易存活，而很容易長蟲死亡之象，所以風
山漸卦 ䷴ 是慢慢穩定而來之象。

三、風地觀卦 ䷓ 卦序第20卦

觀卦卦辭：觀：盥而不薦，有孚顒若。

彖傳：大觀在上，順而巽，中正以觀天下。觀，盥而
不薦，有孚顒若，下觀而化也。觀天之神道，
而四時不忒，聖人以神道設教，而天下服矣。

大象傳：風行地上，觀；先王以省方，觀民設教。

　　風地觀卦䷓上卦風代表乙木，下卦坤卦代表己土，而此象在干支上可以代表乙未，也就是乙木在未土之上可以快速成長，因可快速亮麗成長，故可以做為觀賞之用，而他在十二辟卦為酉月卦，大象傳言：「先王以省方，觀民設教」，其意是因酉月為果實成熟之時，容易引起盜賊覬覦，為有效嚇阻偷盜行為，警告盜賊連神明都在監看，這也就是觀之作用。

◎**若以此象風地觀卦䷓論在此公司服務為何？**

　　可以說是可快速融入公司團體之中，代表在工作上所作表現，上司、長官都可以隨時看得到，此卦也是一個善性的循環，因只要表現好長官就看得到，且也可馬上獲得到獎賞，此即是乙木在未土之上快速亮麗成長之意，因他可立即為他人觀察得到，所以說在公司服務情形是很好的。

　　風地觀卦䷓如問疾病那就麻煩，因此病很容易爆發，而乙木在未土之上成長快速，也代表病情是沒有辦法掌控。

　　若問病體可以復元嗎？則代表可以復元，而且體力恢復速度很快，故問卦要看所問主體，如主體不同

其情況就不同。

附註：

一、文公尺

　　文公尺是魯班尺通稱，長一尺四寸一分，以生老病死苦五字為基礎，劃分為八格，各有凶吉，依序為：1財(錢財、才能)、2病(傷災病患、不利)、3離(六親離散分離)、4義(符合正義及道德規範，或有勸募行善)、5官(官運)、6劫(遭搶奪、脅迫)、7害(罹患、禍害)、8本(事物的本位或本體)。

　　一般常見的魯班尺又分為上下兩個部份，上半部為文公尺，用於陽宅、神位、佛具尺寸，下半部為丁蘭尺，多用於陰宅、祖先牌祿位。

文公尺標字：

1 財為：財德，指在錢財、德行方面有表現；寶庫為
　　　　得到或收藏寶物；六合是天地四方(和合美
　　　　滿)。迎福是迎接幸福。
2 病則：為退財或破；公事則是因公而生的案件官司；
　　　　牢執為牢獄之災；孤寡是孤獨寡居。
3 離為：長庚、監獄；劫財是破耗損財；官鬼為官煞
　　　　引起之事；失脫為物品失落、人離散。
4 義為：添丁生子；益利是增加錢財利祿；貴子是為

日後能生顯貴的子嗣；大吉為吉利吉祥。

5 官是：順科即考試順利高中；橫財為意外之財；進
　　　益是收益增進；富貴為有財有勢。

6 劫是：死別、永別；退口則指有孝服之事；離鄉是
　　　離鄉背井；財失為財物損失、遺失。

7 害是：災至，罹患災殃；死絕為滅絕之意；病臨則
　　　為罹患疾病，口舌是爭執、爭吵。

8 本財：至為財到；登科是考試錄取；進寶為招財進
　　　寶；興旺是興盛旺盛。

　　文公尺最簡單而且最笨的方法，就是用紅色的注
解就好，黑色就是凶。文公尺分上下，上面稱文公，
是一般用在陽宅、家具等的丈量，下面一排稱丁蘭，
用在陰宅或者祖先牌位上的丈量，分：丁(福星)、害
(口舌)、旺(納福)、苦(失脫)、義(財旺)、官(富貴)、
死(退丁)、興(添丁)、失(退財)、財(迎福)。不管文
公(陽宅)或丁蘭(陰、祖先)，只要取其紅字的部份使
用就是吉就是好，用黑字就是不好，如果更進一步就
要依個人用處的不同按官,祿,財,義取他的涵義來使
用。

二、收驚：

目前收驚已漸脫迷信層次，是民間傳統療法之一，也亦有「收驚文」、「收驚咒」等術法流傳。在受術者方面，通常無須任何配合動作，也可由受術者的衣物替代。對象一般適用於受驚嚇或無由哭鬧的小孩，但近年來，受術者也不再侷限於兒童。

於施術者來說，身分可為受術者的親人或施術人員。前者收驚無一定程序或規矩，後者則有咒語式符籙式及香米式三種，差別僅是施術法器差異，不論咒語式、符籙式及香米式的收驚程序大約都是施者要先膜拜神祇央請幫忙，唸咒語及特定手勢。大體上來說，咒語或咒語式為收驚必要程序。

傳統收驚有收驚歌，其起源可能來自民間信仰，歌詞內文藉助拜請的民間信仰神祇也來自佛、道、地方神祇、自然神、動物神等等。另外，也展現對十二生肖及崇拜及八字流年。

收驚歌歌詞長短也不一，其會因各施術者之記憶與喜好，而自行編撰。

例如：

鼠驚、牛驚、虎驚、兔驚、龍驚、蛇驚、馬驚、羊驚、猴驚、雞驚、狗驚、豬驚，阮嬰仔某某某也無驚。無驚無膽嚇，十二條元神轉來在本宮在本命。山頭水尾收魂收魄收在身，路頭路尾，田頭田尾，園頭園尾，厝前後壁，埕頭埕尾，廳頭廳尾，房前房後，不收別人魂、不收別人魄。無青驚無膽嚇。鼠收魂收魄收在身，牛、虎、兔、龍、蛇、馬、羊、猴、雞、狗、豬，不收別人魂、不收別人魄。只收阮嬰仔某某某，魂歸來、魄歸位。

一般的收驚法是用食米，置於患者的衣服上，點三根香請神，口中唸收驚咒語：「本師安精神，祖師安精神，玉女安精神，安汝精神護汝形，與天地合德，與日月合明，急急如三昧老人收驚仙翁律令。」衣服包著米，在被收驚者頭身上印了幾印，而後把米取出，衣服給被收驚者穿，如此就成了。

然而也有如上述，所唸咒語是十二生肖法，利用十二生肖的相生相剋破除一切沖煞的精神不安，這是和一般收驚法不同的。

將難經變為易經第十一講（2015/11/11）

一、民俗解說與案例解析

◎屋內之粉刷是否須擇日為之？

屋內之粉刷可以不需要擇日，但粉刷目的在於清潔明亮，所以只要選擇丙、巳日即可（依天干、地支六甲旬空，天干與地支搭配組合，每 12 日就可循環一次，故每 36 日就各有三日為丙、巳日），而且丙火、巳火不會對任何的八字造成破壞，也就是丙火、巳火日可適合任何八字。

在民俗上逢農曆初一、十五日或初二、十六日都會祭拜鬼神，而初一、十五或初二、十六也是大潮水之日，此時間剛好太陽、月亮、地球成一直線，人們所祭拜的神祇，是為見不到的無形鬼魂，在此四日這些無形鬼魂，會隨著大潮水而來；大潮水是借由月亮的引力而來，因此在這四日祭拜鬼神比較有會感應，而在其他時間其力量沒有如此強大，所以會比較沒有感應，故在此四日祭拜是比較好的。

另外在第十講中，曾說「在酉日、酉時（寅日、寅時）祭拜會比較有感應」，這是針對追求某一個事項，而且想讓此事項快速達成，才選擇此日此時，這

與初一、十五及初二、十六日祭拜，比較有感應意義
是不同的。

在十二長生表中，丙長生於寅而死於酉，而丙也
為離卦（丙火、太陽），當離卦運行至酉位時是太陽
下山，而且也變成了坎位，當變成坎之後，丙至此下
山不見（即死之意），而丁長生在酉，故此宮位為丙
死丁生，也就是陽死陰生，故酉位是日月交替之時
辰，所以要追求某一人事地物時的目的，而在酉日酉
時祭拜，其靈驗度比其他時間更快更準，然而所要追
求事物，必須是符合公平、合情、合理、合法，除酉
日、酉時的時辰外，在寅日、寅時的時辰亦是具有相
同效果。

祭拜時間如地基主原則上以酉時為佳，祭拜完的
供品飯菜可當晚餐，而拜門口只要過了午時即可，一
般而言午時為 11 時至 13 時，但只要過了中午 12 時
以後就可以，因為每日午 12 時以前為陽時，而一過
午 12 時就為陰時，然而如要祭煞則必須使用陽時，
目的是在借陽去陰，其他就不一定須要使用陽時。但
要祭拜祖先或地基主，最能感受到的時間，就是日月
陰陽交替的酉時。

◎何以用農曆九月九日之重陽節,作為祭祖之日?而天公生日又何以為農曆一月九日?

天公生日用一月九日,因一加九為十代表圓滿,而一、九也代表先天卦的乾、坤兩卦,其意即代表主宰天地,所以生日用一月九日,是符合天地之意;而九九重陽是陽極而陰生,在天地之間陰極而陽生、陽極而陰生,而九九代表陽極,而陽極就將陰生,因此在此日祭拜祖先,最有感應,這也是一種氣的轉換之意,就如前述用初一、十五或初二、十六日祭拜,是因陰的物會隨著大潮水而來(水為坎,而坎為險、陷、為鬼魅、為藥),而九九是因陽極而陰生對氣轉換之連結而來。

在酉日、酉時祭拜祈求神明幫忙物事,不要把他想得太複雜,可把神明當成朋友一般,也就是把自己心裏想祈求事物,如向朋友傾訴一樣,而祈求事物的祭拜祈求,必須連續三次在酉日、酉時辦理(每次酉日、酉時間隔為 12 日,因此前後計為 36 天)。要知道月亮巨大引力,能讓海水潮起潮落,而佔人體百分之 70%水份,也會因為月亮引力的因素而產生循環,因此人身就會產生生理與心理上的情緒反應,因此吉凶的事項就會由此產生。

　　假如畫上三個圓圈，而且有部分交集，通常在彼此重疊交集地方，是力量最強大的所在，如逢農曆初一、十五或初二、十六日，且又是酉日、酉時，如此剛好是三個圓圈交集所在，是力量最為強大之處，故用此時祈求物事，是最容易心想事成，這就是選擇酉日、酉時的最大原因。

　　第十講中曾說基於時差因素，導至小孩日睡夜醒，因此於洗手台底下倒貼公雞圖像乙事（雞為酉、代表兌卦☱），即是將兌卦☱予以反置，而兌卦☱反置為巽卦☴，而將巽卦☴置於水龍頭下，是因為癸水長生在卯，因此酉由西方移至卯位的東方，就代表小孩時差已調整妥當。

　　在卯、酉線而言，他是相對的（分別位於東方與西方），代表買東西，是物質與看得到的利祿，而水、火為南北，代表智慧、思想，所以八字中有水火之人，則是很會思考與研究，其從事生意都是買空賣空，也就是利用通訊方式達成彼此交易，而八字中有木、金者，就必須透過實體店面為之。

二、風雷益卦 ䷩ 卦序第 42 卦

卦辭： 益：利有攸往，利涉大川。

彖傳： 益，損上益下，民說无疆；自上下下，其道大
光。利有攸往，中正有慶。利涉大川，木道乃
行。益動而巽，日進无疆。天施地生，其益无
方。凡益之道，與時偕行。

大象傳： 風雷，益；君子以見善則遷，有過則改。

◎**風雷何以為益？**

　　風（巽卦 ䷸）為乙木，而雷（震卦 ䷲）為甲木，
其主體是在上卦乙木，在《易經》六十四卦中，是以
上卦為主體，以下卦為客體，然後再依象的上下配
合，而取得卦名，如本卦乙木代表藤蔓、樹葉，甲木
則為樹幹，代表有承載乙木依附的一種能量、指標，
因此乙木遇到甲木，就可扶搖直上，乙木會因為甲木
而凸顯，也可從甲木身上而獲益，因此才稱之為風雷
益卦 ䷩。

◎**以益卦問病情是否可以掌控，其意為何？**

　　風雷益卦 ䷩ 卦象代表病情是沒有辦法掌控的，
因為當巽木（乙木）遇到震木（甲木）是為扶搖直上，
代表病情是不斷的在生成，而且是越來越多，也就是
病毒、病菌，在身上不斷的蔓延、生長，故說病情是

無法加以控制。但如問身體的健康如何?代表身體修護能力是不錯的。

◎風雷益卦 卦象若問與人合作如何?

則是初期可以,但最後會被取代,其原因為乙木必須借由甲木,才能得到好處,所以甲木有辦法讓乙木產生障礙,也就是乙木最後沒有甲木是無法生存,而且平時也是依附在甲木身上,表示其所有的金錢、投資,都放置於甲木之上,故最後獲利者會是為甲木,從甲木立場而言,是其必須承載責任與壓力,他有能力供應乙木養分與水分,所以甲木是有能力之人,以造就乙木的成長,所以益卦初期是依附者得到利益好處,但到最後則是被依附者得到全部利益。

若把乙木當成樹葉,則其養分與水分是來自於甲木,也就是透過甲木來提供養分與水分,而甲木能力是透過乙木來彰顯,也就是樹木的亮麗與否是借由樹葉(乙木)來彰顯,所以乙木是彰顯甲木的成就。

若把甲木與乙木譬喻為夫妻,甲(震)代表丈夫、乙(巽)為妻子,由卦象就可證明,如妻子每天都很

257

有朝氣而且精神愉快，代表其丈夫是具有能力與實力，反之妻子無精打彩，則是代表甲木的能力是有問題，所以甲木是透過乙木來彰顯，在十天干中的陰、陽組合之中全部都是如此。

以丙、丁而言也是如此，因丁的溫度是來自於丙火太陽，如整天陰雨密佈，則室內的溫度也會很低，把丙、丁喻為夫妻，妻子（丁）的溫度，是由丈夫（丙）而來，戊、己也是如此，戊為高山，己為平地，己可以獲得多少利益，必須端賴戊土給予多少能量，二者組成就是山地剝卦，也就是端賴艮土剝落多少戊土（利益）給予己土。

而庚、辛亦同，因庚之氣流大小，是賴太陽把水份蒸發得多少而定，庚的力道如果越強，則代表辛金水份是越多的，所以庚金越有魄力，辛金獲得的利益也會越多，也就是辛金雲霧是庚金所給予的，但二者是沒有辦法並存，當庚表現完後是由辛金來彰顯，所以庚表現是形於外，而辛則是隱藏於內，辛是貴氣表現，而庚則是一種執行力。

壬、癸同樣也是如此，壬水越多越旺，也代表癸水越多，因太陽照射在海洋產生水循環，因此癸水相

對的也會更多，所以雨越大代表壬水是有魄力的，由此可見十天干陽是藉由陰來彰顯。在《易經》的六十四卦，每一卦的意義也都是如此。

三、風火家人卦☲☴卦序第 37 卦

家人卦卦辭：家人：利女貞。

象傳：家人，女正位乎內，男正位乎外，男女正，天地之大義也。家人有嚴君焉，父母之謂也。父父，子子，兄兄，弟弟，夫夫，婦婦，而家道正。正家而天下定矣！

大象傳：風自火出，家人；君子以言有物，而行有恆。

　　風火家人卦☲☴卦象有乙、巳之象，是代表內聚、穩定、溫馨的象，其象是太陽☲的能量，可以讓乙☴木成長苗壯，所以風火家人卦☲☴是好的組合，因此可以從風火家人卦☲☴的字意，證明其下卦的離卦☲為丙火而非丁火，因如為丁火則是乙木會產生受傷，導致乙木成為休息狀態，如此就變成火風鼎卦☴☲，而非風火家人卦☲☴了。

　　在風雷益卦☴☳則是乙木依附於甲木身上，但風火家人卦☲☴則是離火的能量，能讓乙木成長苗壯，此二卦主客體關係中，是以風火家人卦☲☴能讓主體

有利，而風雷益卦只是依附者，暫時得到利益而已，最終則是客體得到全部利益。所以六十四卦每卦主客體的引力互動完全不同，要瞭解卦象的引力變化。

◎以此卦論當前工作，是繼續好？還是休息好？二者何者為佳？

家人卦代表必須繼續工作為佳，因為太陽（丙火）為動，因其動才能讓乙木成長，有乙木才會沒有辛金，所以繼續工作丙火才會有力道，休息反而會導致身體不舒服。後天巽卦（乙木）卦位為先天兌卦（辛金）卦位，因此有辛就無卯，樹木在結果之時，樹葉就開始在凋零，而當樹葉茂盛之時，病菌、病毒（辛金）就自然會不見。

假如感冒一直沒有痊癒，就可以論斷是因家中起居室或廁所，通風不良濕氣過重（濕氣代表病菌、病毒辛金）所致，也就是因在起居室或半夜如廁打開盥洗室，吸進了大量的辛金所致，感冒才會沒有辦法痊癒，所以必須將起居室與盥洗室，保持良好通風狀態，若沒窗戶則可用除濕機、開燈照射方式、或讓電風扇運轉等方式除濕。

所以沒有辦法痊癒原因,可以說是乙辛或卯酉關係,也就是辛金與酉金病菌所傷,由上述之象代表要繼續工作,才不會讓丙火變成丁火而傷害乙木。在卦象上言風火家人其意即在於此,因若不動則變成火風鼎卦☲☴的頂替取新之象。

◎ 小孩子因手出現疹子前往看診,在不同醫師診斷下,出現不同病症,試問卜到風火家人卦☲☴其意為何?

家人卦上卦為巽卦為乙木,下卦為離卦是為丙火,乙木因為有丙火,所以可以成長茁壯,因此代表疹子有漫延現象,即丙火來時就會有成長跡象,但此象是沒有凶象,因為丙火本身就可以殺菌,故可用六十燭光烏絲燈,針對疹子之處加以照射,或是在巳時曬太陽三十分鐘即可,但在照射或曬太陽之時,眼臉之處須加以覆蓋,避免傷及眼睛,若以烏絲燈照射每次時間以十分鐘為限。因為長出疹子是代表冒出辛、酉,透過丙火就能把辛、酉化為雲消霧散。

四、風澤中孚卦☴☱卦序第 61 卦

中孚卦卦辭:中孚:豚魚吉,利涉大川,利貞。

象傳:中孚,柔在內而剛得中。說而巽,孚,乃化邦也。豚魚吉,信及豚魚也。利涉大川,乘木舟

虛也。中孚以利貞，乃應乎天也。

大象傳：澤上有風，中孚；君子以議獄緩死。

　　風澤中孚卦☴☱上卦巽卦為乙木，下卦兌卦為辛金，所以風澤中孚☴☱有乙酉之象，也是乙木對辛金之象，中孚是乙木得到了結果，即是乙木經過成長過程，而終於達成了最終的目標，因此稱之為中孚，而其也是一種誠信，而孚字本身就有動物孵蛋有成之象，中孚卦大象為離卦（上兩爻、中兩爻、下兩爻，各合併為一爻即為離卦），因此本身是有溫度，也代表乙木獲得太陽照射，而結成甜美果實。

　　但在主體上其象亦言，得到中孚之後還須繼續的再付出，因為丙火（太陽）必須再繼續付出，才可讓乙木☳在收成之後，不會為坎水☵所傷（酉仍是位於坎卦之位），而導致功成身退，所以風澤中孚卦☴☱的乙酉之卦，其大象為離卦之意即在於此，因離為付出之象，就如前述：辛、酉須透過丙火去除，而丙代表為太陽、為執行力、行動力，所以說在收成之後，仍須繼續再付出，不要因為獲得利益而終止，才不會遭到辛金或酉金所傷。

五、各種數字之運用：

數字有先天、後天卦卦象數字、五行金木水火土數字、九宮數字、天干與地支數字，針對這些數字是可以隨時運用，並不限於單一的用先天或後天卦卦象數字。

◎譬如風火家人卦是用風火或家人等二字？或是用乙木或丙火？

因為用乙木與丙火，其天干之排序數字為 2 與 3，但在此一圖騰，巽卦先天卦位為 5，而離卦先天卦位為 3，以老師而言是直接把卦化為天干，而天干也代表地支，地支也代表天干，故只要把天干與地支連結在一起（如乙也是為卯，因乙卯為同一氣，而辛也為酉，其意即在於此），當下就可以將卦象顯現為天干地支的屬性，如風火家人卦☲☴何以用丙火而非丁火，因為家人兩字之氣，必須用☲丙火才會符合，如果是丁火之氣，則成為火風鼎卦☴☲，鼎卦是取新之意，是因乙木受損，所以必須頂替，故在解釋卦象之時，都會用天干地支的屬性來套入，如此速度快、準確度又高，當然原《易經》的經文、卦、爻辭之應用解釋也是有其作用及深奧的學問，於第三輯時再做切入。

　　另外不用卦象數字，最大原因是卦象數字，最大也只有九宮而已（八宮卦加中土為九宮），而實際上排序也只有八個數字，若透過天干則有十個數字，再以樓層法來推演，當前超過十層以上高樓比比皆是，又當如何計算推演，或許有的會以河圖、洛書之數（16、27、38、49、50）來算，但老師則是用 1 代表甲木、2 代表乙木、3 代表丙火、4 代表丁火等方式來運用，故十層以上大廈其算法，由下往上分別為 1、2、3、4、5、6、7、8、9、10，此 10 個數字就是十天干之數之五行定位了

　　然而在十一層以上依序循環再由 1 開始起算，當然也可用 11 代表，第 21 層則用 21 代表，而如為十層以下者，則用木、火、土、金、水，來計算推演，第一層為木然後依序為第二層火、第三層土、第四層金、第五層水，如有第六層則再由木起算，的循環方式來推演，而地下室是以第一層的木為基準，木之下為水、金、土、火、木，因為用同一個邏輯，往後才不會出錯，若學太多派別，而用不同派別佈局，最後可能有互相矛盾，而產生自毀佈局之處，故用同一個邏輯學理，就不會有此種情形發生。

譬如住家為2樓3號則為家人卦☴☲，而3樓4號則是離卦☲，家人卦是乙木得到丙火照射而成長茁壯，大家能和樂融融。3樓4號為離卦，而離為火，代表室內溫度甚高，因此居住於此屋內，則是脾氣暴躁容易吵架，而且是丙火與丁火，因此彼此都沒有安全感，而火的象又為離，代表了會為某些事情而生爭執，而導致分兩地而居。

若居住於五層式大樓房屋，要知道自己適合居住於那個樓層，可將樓層屬性先予以標註（如上述各樓層用木、火、土、金、水代表），然後將自己生肖代入，即可加以推演。

◎如生肖屬鼠（為子、為水）之人，其想求居住平安，則應居住於何層為佳？

從金（第四層樓）的角度，遇到子水為印星，而遇到印星就會有一種穩定的感覺。又如丈夫屬羊，羊代表為未，因此可透過此二生肖，予以類化推演，屬羊之人居住在第四層樓也是可以，而子水目標在求印星的穩定、安逸等感覺，故其住於四樓是好的，因此居住於何層為佳，可透過此種屬性來解讀。

◎如屬牛丑與屬豬亥現住於大樓第二層,其財運又為
　何?

　　第二層為火,如此火可以讓丑(牛)有溫度,讓
亥水(豬)呈現光明得到財,所以以求財而言屬牛與屬
豬,居住於大樓第二層是好的,且所追求事物,也都
可以心想事成。

　　居住於五層式樓房,如妻屬鼠(子水)而丈夫屬
羊(未土),如此二者居住於何層為佳,我們以事項
來解,而不以吉凶來論,鼠如住於第五層為比肩,與
丈夫比較,妻子與人互動較佳、較重視朋友,再從未
角度則表示丈夫很會賺錢,且也比較重視金錢,由此
可看出丈夫比較會理財,因此兩人住於該層樓,就會
有這些屬性反應,並沒有所謂吉凶。

　　若所居住處所,沒有對自己有利樓層,則有二種
方法可運用,一為尋找對自己有利的地方,二用門牌
號碼方式,如此就可不用在意樓層之別。

◎妻屬鼠而丈夫屬羊住於樓之第三層情況為何?

　　三樓為土如此與丈夫土、土為比肩,而子水遇土
為官星,官星代表責任、義務、壓力,代表其遇事都
要處理,故住於此子水就會有忙碌情形,而比肩丈夫

則沒有感覺，且對居住處所會有任意放置物品，增加子水整理心力情形。

◎上例住在一樓又為何？

　　一樓為木，而子遇木為食神、傷官，代表他很喜歡彰顯、表現，因此住於此層就會一直在付出，而所付出是希望他人欣賞其成就，與住第三樓層官星的付出是不同的，住第三樓層不會在意別人對自己的看法，而住在第一層樓就會很在意自己成就，是否會為別人所見，而從未的角度木為其官星，而官星代表責任、義務、壓力，而第一層樓也為1，因此代表甲木，因此屬羊之人會承擔責任，但又不希望承擔太多責任，因木在己土之上是沒有辦法穩定的，所以如果責任太多，他就會選擇逃避，而土與子雖同為官星，但他不會逃避，而未與甲組合就會有選擇逃避現象。所以此二人住於一樓，就會有這些屬性現象。

◎又其等住在二樓情況為何？

　　二樓屬火，而此火會帶給未土火上加火，因此會有情緒上的反應，而午未雖也為六合，但此組合的六合，則會造成很大的情緒反應，因為是高溫加高溫，另外子丑雖也是六合，但此組合的六合，則彼此是冷冰冰的情形，因此屬羊之人住於二樓，稱之燥火生

土，就會有不安的氛圍，在外受到壓力就會在家裡發洩，所以說其住於此，會有很大的情緒反應，而子遇火則會比較忙碌，但其忙碌可以得到財，但子水能量本來就很虛弱，因子水遇上未土則未土會吸收子水能量，而子水又住於二樓的火，而火與未土又均為高溫，因此子水會有忙得焦頭爛額現象，因此其心情就不會是很愉快。

◎住在四樓情況又為何？

四樓為金，子遇金是為一種安逸也代表印星，子與未為有壓力，因未會把子之水吸進來是一種壓力，而住於四樓無此現象，因此就會很舒服快樂，不會因為未而產生壓力。

所以說居住現象可以用生肖數字，然後再透過樓層數字來加以解讀，而住於十層以上大樓，則可用天干數字來計算推論，而十層以下則可用木、火、土、金、水的五行來配合。如所居住為透天厝，而一樓對當事人很好，但確做為客廳，如此到晚上睡覺時可搬至一樓來睡，但要記得床舖須靠於牆壁，不可留縫隙或置於客廳中央。

　　五層樓用法是以木、火、土、金、水來論，而其地下室則以第一層的木為基準，木之下為水、金、土、火、木，如此就符合五行循環，符合春、夏、長夏、秋、冬的循環。

　　樓層法採用共同標準，就不會有所混亂，如此也不用再把出生年轉回命卦，當然出生年轉回命卦，也是另外一種學術，但如此只有八的倍數而已，可能八個人就有一個卦，而直接用天干地支則有 12 的倍數，甚至用當前所教學理可能會更廣，因為十層以上可用 11 代表甲甲，然後依序而上 12 層為甲乙，而 20 層以上，第 21 層則可用乙甲代表，而 22 層為乙乙，再依序而上，如此倍數就非常寬廣。

◎生肖屬龍（辰）與猴（申），而居家為三層式樓房，此二者居於何層為最佳？

　　此二者居於一樓最佳，一樓為木，而木會依附在辰，代表工作、人地事物穩定之象，而木又為申的財星，因此住在一樓是最好，若住在二樓則二人都非常忙碌，但忙碌並不代不好，因屬辰之人其心性是慢慢來，當其遇到火（二樓為火）時，會將其水蒸發出來，因此代表比較懂得思考，而不致於太過懶散，且有火的能量，因此凡事都可看得透徹，而不致於有盲

目情形，但屬猴之人因火會來驅動申，所以就會比較積極，他會為辰而積極忙碌。

在傳統學術上，都會用國字字意的十神法（簡稱六神），來解釋吉凶，如未遇火為印星，則認為印星字意是好的，而偏印會致食神會奪食，因此就認為是不好，但此一邏輯是錯誤的，因為在有很多的印星上並非如此，如未遇火雖為印星，但他就是會產生火上加火情形（因在言氣而非物質，所以未雖屬土但其溫度高），因為未土溫度高而再遇上火，就成為火上加火現象，因此就會心浮氣躁，處事就會暴躁，故此印星並非就是為好的。

再說當甲木遇到壬水的印星（偏印）則是凶的，此處並非是偏印關係，而是壬的大水會來困木，所以在《易經》六十四卦卦象，為水雷屯卦☵☳，這也是印星造成的不好現象，又如庚金遇戊土的印星，此會造成庚金的魄力不見了；如前述午未、子丑的六合，午未為火上加火，形成了執行力過強情形，而子丑是代表人事地物都遭受凍結，如從事貨物買賣，在購物後貨物遭受凍結，導致貨物無法流通，因此也代表執行力不佳，所以此種過冷過熱的六合組合並非是好的，但冷熱二者，形成一陰一陽構成太極，形成互補作用。

　　所以子丑須透過丙巳來化解，且丙、巳也不會破壞子丑，但如用午、未則是為沖(子午沖、丑未沖)，但沖也並非代表不好，因為午可以讓丑溶解，而子也得到財星，而丑得到印星，這也是此沖屬性。

　　天干地支如屬性甲，可以用地支寅代表，而辰土必須透過木來凸顯，當然也可以透過火來彰顯。

　　譬如乾卦☰☰的第四爻，爻辭為「或躍、在淵，无咎。」，如為躍，則是已跳過去，進入了巳，反之則是落入了辰的深淵，因此可以用辰巳來解析，如是巳時、辰分表示巳進入辰，如此就成為在淵，若是辰變成巳就代表已躍過去，而成為了躍龍，再而上就成為第五爻的飛龍在天。

◎以巳時、辰分之象，論購得新屋後，是否須安神位及祖先牌祿位？

　　此象代表祖先牌祿位，已遭受冤枉而落入辰淵之中，因為巳巳入辰就有此現象，但並非辰、巳就是祖先牌祿位，遭受冤枉而落入辰淵中，是因此時剛好在論此事，因此才產生此一現象，也就是有言談才會引動此氣，而此氣才會產生此一結果。因此八字之中沒有出現金錢(正、偏財)，並不代表此人是有或沒有

錢財，而只是此人比較不在意金錢。所以八字中沒有
的並不代表沒有，只是代表比較不在意而已，而八字
中有的並不代表就有，只是代表比較在意而已。所以
這也就是或躍在淵之意。

將難經變為易經第十二講 (2015/11/18)

一、八字解析學歷:

　　在年柱、月柱、日柱,三柱之位的八字,同時具有水木之人,比較容易有高的學歷,若水木在日柱、時柱者,其學歷大部份是在中斷求學以後再繼續進休而取得,因此八字沒有水木者,比較不容易有高學歷,但高學歷並不等於高能力,因為學歷與能力是二件不同範疇,要知道水、木是代表讀書研究,因此八字同時具備水木之人,其可以直接從頭到尾一次完成他的學業,如果年柱、月柱沒有水木,而只有在日辰或時辰者,是學業中斷一段時間以後,再補滿其學業,故一般稱水木為至親。

　　易卦後天位北方為壬、子、癸為水(坎卦),然後接續東北方到東方,分別為丑、艮、寅位(甲木),因此當水連結到寅時,代表木在出生時,聯結了前生的記憶。若將艮位從中予以分開,就有一般擇日學所謂「艮兼寅為東方及艮兼丑為北方」的說法,所以代表艮卦是一個終始中心點。

　　以後天位之八宮卦卦位而言,各對角之卦(艮、巽、坤、乾四隅位)亦皆是東、南、西、北的分界線,

而水為前世的記憶、智慧，水之所以代表智慧，是因水可以儲存溫度、能量，所以當水的溫度、記憶體，到寅位的寅木出生，是水木互相聯結，故代表是結合前世所學、所累積的物事，因此出生在此世時其對學問、事物瞭解，就能很快的進入，因此他就能一次從頭到尾完成高學歷取得，雖取得高的學歷，但並不代表就有高的能力，若要有高的能力、機會，必須透過丙火的能量才能有所發揮，就如木沒有火（太陽丙、巳）的能量，就沒有辦法成長凸顯。

八字有水木之人，因此其學習能力很強，有很好的記憶，學習成效也會很好，但學習成效很好，並不代表即可以發揮，因為發揮必須要有火的能量，既然如此當八字有水木而沒有火時，是否就沒有辦法發揮？

要知道因尚有流年、流月，譬如最近癸巳、甲午、乙未、丙申等這幾年，都是火的流年，且是一氣呵成因此就能有所發揮，若八字有水木但是沒有火的人，在庚寅、辛卯、壬辰等就沒有辦法有所作為，就其象而言壬辰年代表水進入水庫，代表所學遭到限制沒有辦法發揮，到了癸巳是水流出水庫，代表所學可以開始發揮，然後進入甲午年是水木在凸顯，接著乙未

年、丙申等都是。

　　八字中具有某種能力的人，是代表他長期具備此一特殊條件，而有可能就此長期從事於某一工作，而八字中如果沒有，代表在一個階段性任務完成後，就可能停頓下來，當再遇到另一個階段時，才可能會有再接續而為情形。所以八字的有與無，並不代表好與壞，他只是一種現象，就如永遠在同一個單位服務，可能就沒有辦法學習到新的事物，而在階段性任務完成後停頓下來，而再接續其他事物做為，反而可以學習到新的事物。

　　所以八字沒有的，並不代表就沒有機會，而八字有的就會有機會。譬如老師八字只有火、水、金，僅有的木也只是暗藏在，地支亥水之中而已，（可參考2015/04/29 第一學期第九講，十二地支暗藏天干一覽表）故在讀書求學歷程中，就沒有以求取高的學歷為終極目標，但對馬上可以運用的知識就非常執著，因此對死背的書籍就會捨棄不讀，而具有專門職業性，且可以靈活運用的知識，就會深入的加以探討研究。

　　八字沒有水木之人，自然而然的就不會死背課本，對所要的知識則是以能轉換為金錢利益者為主，而有水木之人對知識，則先不管是否可以轉換為金錢利益，都會先讀先背了再說，所以說小孩子成績不佳並沒有重大影響，而且也不代表其就毫無機會，因為只要學得一技之長，自然也可受用終生。

```
時　日　月　年
乙　甲　乙　癸
亥　寅　亥　亥
```

　　八字年柱癸亥、月柱乙亥、日主甲寅、時柱乙亥，此組八字有癸水、亥水、甲寅木，所以此八字具有水木，因此讀書的記憶，是過目不忘，但他少了火的能量，只會讀死書，不知靈活運用，假如能透過丙午能量，就能讓他的格局更為提升，此處也是因其有甲寅，故須先以透過丙午為主，當然也可以用丙巳。透過丙午或丙巳目的，是在凸顯此組八字的能量，因此八字有水木之人，還是須要透過火的能量才能發揮，而此組八字之人，也因為少了火的能量，故容易有頭痛情形發生。

　　只要是出生年為亥、子、丑年的人，就比較容易有頭痛情形，然只要透過丙午或丙巳就可化解，因為把八字豎立起來，由上而下為年、月、日、時，因此年就代表頭部，而頭部屬火，在亥、子、丑年生之人，頭部少了火且充斥了水，就會產生水剋火的情形，因此就容易發生頭痛，若月柱在亥、子、丑，則會有心律不整狀況，因為心臟也是屬火，因此月柱與心臟容易產生水火相沖，而水火相沖就會導致血液循環不佳，因此就會有心律不整或手腳冰冷現象。

　　時辰若為巳火、午火、未土、申金、戌土的女性，就容易有腫瘤病情發生，而男孩子則是泌尿系統，會有結石、攝護腺腫大、不協調狀況出現，因這些宮位為人身下腹部，是屬水的宮位，而在水的宮位有火的時辰，就容易長出不良東西，要知道病況產生，是不會因為格局好或不好，就會有所影響，因為這些事故與格局是不相干的。

　　因此有此格局之人，須有丙午或丙巳出現才能化解，亦即須透過運動，曬曬太陽等保健手段，就可以解除這些狀況發生。因為透過運動可以代謝體內不良物質，而屬高溫者則可透過配載甲寅方式化解，低溫者則可用丙巳或丙午方式為之。

二、卜卦工具運用（自動彈跳出所抽卦籤方法與目的）

何謂自動彈出竹卦卦籤？就是當抽籤者抽完竹製籤卦後，再將所抽卦籤投入竹筒中，然後搖動竹筒籤卦，原所抽之竹籤卦，可以自動彈跳而出之意。

製作方法：

竹籤筒之高度應少於竹製籤卦一半，（約竹製籤卦5分之2），長26.5公分而每支竹製卦籤則須削成光滑，然後將頭尾畫上卦的符號。

操作過程：

於現場上課解析。

目的：

卜卦準確與否，與卜卦之人的真誠，有因果關係存在，即所謂心誠則靈，故此一目的是在增加卜（抽）卦者信心，並無其他特殊的意義。

另外此種抽卦籤方式，亦可以每抽一支表一爻，如抽到陰卦（巽、離、坤、兌）代表陰爻，抽到陽卦（乾、坎、艮、震）代表陽爻，而抽中乾卦或坤卦，則代表老陽老陰的動爻，然後依抽出順序，由下而上依序合組而成卦。

三、易經六十四卦解說：

（一）風天小畜卦☴☰卦序第9卦

小畜卦卦辭：小畜：亨。密雲不雨，自我西郊。

彖傳：小畜；柔得位，而上下應之，曰小畜。健而巽，
剛中而志行，乃亨。密雲不雨，尚往也。自我
西郊，施未行也。

大象傳：風行天上，小畜；君子以懿文德。

　　風天小畜卦☴☰下卦乾卦代表庚金，而庚金為其
傳播之氣，可以讓乙木結成甜美果實，因此風天小畜
卦☴☰可以用乙庚代表，而乙庚為未成熟果實（即從
事任何事務，均尚未達成目標之意），也因其為未成
熟果實，才稱之為風天小畜卦☴☰，但當果實變成成
熟之後，就成為風澤中孚卦☴☱。

　　傳統天干的五合中，乙庚可以合化為金，因此生
在辰、戌、丑、未月與申、酉、戌月者稱之為合而化，
而在其他月令則稱為合而不化，但在當前所教學理則
是非常簡單，就是把乙庚的未成熟果實，變成為成熟
的果實，因此乙庚之人八字中，如有出現辛、酉，就
代表可以結成成熟果實，另外乙庚合也代表，工作尚
未達成目標，因此有此八字之人，其做事有只做一半
情形，必須等到辛月或酉月時才能完成。

◎譬如以乙庚（風天小畜卦▤▥）卦，問工作何時
　可以完成？

　　代表其落點必須在辛月或酉月時才能完成，辛、
酉二者有8的象（辛在天干排第八位，而地支酉代表
八月月令，如八月中秋為辛酉月）。

　　乙庚合也是乙木的小花草，因有庚金傳播而可以
結成果實，但當前果實則是尚未成熟，因此才為小畜
之象，而小畜也代表擁有，若女孩卜到乙庚卦，問何
時可以結婚？就可以判讀是在辛月或酉月，或是在八
個月後就可以結婚，然而當辛月、酉月或八個月，等
情形同時存在，而其又有急著結婚情形，為避免其有
不安氛圍，可以用當下月令到辛月時間來計算，如當
下為丁亥月，即可由丁亥月起算，至辛卯月即可結
婚，也就是在四個月之後就可以結婚，所以要取用辛
或酉或8，就必須依現實情況來論判。

　　風天小畜卦▤▥也代表凡事都未成熟，若上下卦
互換則成天風姤卦▥▤，上下卦互換後差別何以如此
之多，原來是天給予能量才能小有積蓄，也就是從乙
角度庚為其官星（官星代表可以承載責任），因其可
以承載責任，所以上天會給予一些小小財富，若從庚
金角度就成天風姤卦，乙就成為庚的財星，所以有財

(感情)才稱之為姻,由此可知易卦之名,是從天干地支,彼此間所產生關係而命名。

◎當要尋找店面承租而卜到乙庚卦,是否代表可以找到?

乙庚為風天小畜卦,代表庚金資訊會給予乙木,因為乙木是小花草自己是不動的,因此代表自己是找不到,必須托人尋找才可找到,而且小畜卦也是未成熟果實,是事情都只做一半而已,所以就有被認為是開玩笑之語,因此在托人之時,也必須是非常慎重其事,如此他人才會認真幫忙,如此就可在七天後,找到欲承租店面(因庚為7代表落點為7日),若要不太疲累且能賺錢,則應選現居住地東南方(主體為乙木而東南方辰、巽、巳為乙木之財)。

小畜有事情都只做一半情形,因此處事態度必須積極,所以是要用丙火能量,因有了丙火能量,就可成為風火家人卦☴☲的安心、安定與有著落,有了丙火的能量庚金也才能驅動,而庚金能驅動也就可以達成目標,亦即是可以找到欲承租店面。

◎卜到風天小畜卦☴☰,問丈夫有無外遇?

因風天小畜卦☴☰亦可看成是畜小之象,在卦象

上是有外遇情形，然而仍須以善意且委婉語言告知，其丈夫不會對不起太太，要知道對卜卦之人，不可用預測方式論判說明，而且卜卦論卦的目的也是一種鼓勵，所以只要告訴卜卦者，平時應如何處事與預防即可，如此才可避免夫妻間不睦與對立情形發生，進而導致了真正的不良後果。故對任何事故論卦，皆要有此原則，因有很多卜卦之人，是正當徘徊在人生十字路口之處，以其讓其絕望不如給予希望，讓其重燃生命之火，易卦亦言否極泰來，或許如此就可改變其命運，而走向光明之大道。

（二）風水渙卦☴☵卦序第 59 卦

渙卦卦辭：渙：亨。王假有廟，利涉大川，利貞。

象傳：渙，亨。剛來而不窮，柔得位乎外而上同。王假有廟，王乃在中也。利涉大川，乘木有功也。

大象傳：風行水上，渙；先王以享于帝立廟。

　　風水渙卦☴☵上卦為乙木下卦為壬水，下卦坎卦何以為壬水，而不為癸水，因為坎卦☵在上卦時代表辛金、雲霧是為癸水，而此處坎卦位於下卦，故代表是為壬水，也因是壬水能讓乙木隨波逐流，才稱之為風水渙卦☴☵。而風水渙卦☴☵也有船在水上行走，而沒有目標之象。

◎找房屋時卜到風水渙卦，其是否可以找到？

渙卦上卦乙木為無根之草，其會隨著下卦壬水隨波逐流，而且渙字也代表沒有目標，所以其處事也是漫無目的，故代表目前找不到房子。

在八字當中有乙木有壬水之人，就具備了風水渙的象，即處事會沒有目標，風天小畜卦☴☰的乙庚為果實尚未成熟，是代表處事只做一半，因此乙壬是缺少了目標，其少了目標是因缺少了土，所以乙壬之人在八字之中若無土，必須在遇到有土之流年或流月時才能產生目標，原因就在乙木亦須要有土才能穩定成長。

住在風水渙卦☴☵房子，只要有土出現就不會有渙的問題，同時住於此房之人也是因目標太多，而產生不知目標為何的困境？今年適逢乙未年（未為土）是土已形成，因此房屋之氣已在轉動，已從不安氛圍趨向穩定，故說現在是已經有了目標，因此凡事都可心想事成。

若是以羅盤仗量，出入門口為風水渙卦☴☵，可以在不妨礙出入口地方擺放盆栽，如此就沒有了渙的現象，因渙代表住於此屋內之人，處事會沒有目標，

因此只要把目標（盆栽）擺放，處事就會有著落，但要記得擺放的盆栽，須繫上紅色絲帶，以代表附予任務。另外因盆栽內有土，也可當為界址阻擋水之流動，且又可讓乙木在戊、己土扎根。因此就可改變風水渙卦䷺之卦象。

四、取象與判讀

◎若要購屋時看到一隻狗，且狗的眉毛上生長一根長眉，同時又看到南山人壽標誌，試問有這些象時購屋是否可成？

　　此象代表他現在已有一間房屋，因為山屬土而眼睛屬火是為日月，而日為已完成，月則代表尚未完成，再從土的角度日代表火，而火代表印星，所以明的已有一間房屋，購屋時間可以在猴年達成，也就是在今年年底，而且居家附近住有當官的政治人物，當時而所畫的狗之眉毛，其長毛剛好指向東方，因此代表向東方尋找，就可找到並達成購屋目標。

◎如看見前面有人，且見其額頭發光，那此象代表如何？

　　代表此人心中、眼中所見，都是光明有前途的人，而且在其眼中也沒有壞人，若有也只是不懂得長進者而已。

◎那如果現在看到手機又是如何？

如眼中看到手機，代表心已不在當下了，此雖是一種習慣性動作，是代表心中已有其他思為，所以才說是心已不在當下。

以上雖是有看圖說故事情節，但目的是在教導大家，對於現象是如何擷取，如何做判斷的。

地風升卦▤▤代表木剛破土而出，是有成長之象，而風地觀卦▤▤代表木已生長到一個定點，因此可以供人欣賞，所以風地觀卦是目標已形成，是穩定之象，而地風升卦代表剛剛開始而已，地風升卦▤▤與山雷頤卦▤▤，雖都有樹木破土而出之象，但地風升卦為乙木，所以其成長速度比較快，而山雷頤卦▤▤為甲木，其成長過成較為緩慢，山雷頤卦也言節飲食、慎言語，代表成長過程須守口如瓶，緩慢前進不可太快，另外地風升卦為陰木、陰土，而山雷頤卦為陽木、陽土所以二者屬性亦不相同。

五、羅盤使用概說

使用羅盤仗量時，必須在起始與終點之處，拉一條直線，然後在每個點之處都要仗量，其意就是要針對每一個擺設，都要在其擺設之位逐一仗量，而非只有在單一的方位仗量而已，若不逐一仗量對同時而

蓋，且同一面向、格局房屋，其卦象可能都是相同的，但事實上每間房屋的吉凶確都不相同，何以會有此情形？

其原因是每一戶在逐一仗量後，都會有不同卦位，而且每家屋內的擺設也不盡同之故，由此邏輯中代表在屋內仗量每一個擺設時，都要在其擺設之位仗量才會準確。因為任何事物擺設都可能主宰吉凶產生。

仗量時若指針震動不停是因手抖關係，可以架設穩定的架子，上鋪包有稻米的袋子，然後將羅盤置於其上，除可讓其擺得更為水平外，更可阻隔各種氣流以避免受其影響。

若要防止一些看不順眼的人，可以用帶丙巳火方式來處理，因為丙巳為太陽，代表處事時可以看得清清楚楚，如此一些小人就會自動離去，因為小人也為水、為亥（坎為盜、為小人），所以只要透過代表大人之丙巳火，真正的小人就會離去，而非小人者，則可以藉由此磁場而改變，本身八字有丙巳火之人也可防止小人，但須注意本身之氣是否遭剋光，故也可用再帶丙巳方式來處理。

　　丙巳是具有乾卦文言:「夫『大人者』,與天地合其德,與日月合其明,與四時合其序,與鬼神合其吉凶,先天而天弗違,後天而奉天時。天且弗違,而況於人乎?況於鬼神乎?」之意。

　　每個人念力是很重要的,稱之吸引力法則,因此遇上不好的卦象,可以用念力方式加以轉變,這也是最簡單且最有用的方式。

附註:太上感應篇
太上曰:「禍福無門,惟人自召;善惡之報,如影隨形。」

　　是以天地有司過之神,依人所犯輕重,以奪人算。算減則貧耗,多逢憂患;人皆惡之,刑禍隨之,吉慶避之,惡星災之;算盡則死。
又有三台北斗神君,在人頭上,錄人罪惡,奪其紀算。又有三尸神,在人身中,每到庚申日,輒上詣天曹,言人罪過。月晦之日,灶神亦然。凡人有過,大則奪紀,小則奪算。其過大小,有數百事,欲求長生者,先須避之。

　　是道則進,非道則退。不履邪徑,不欺暗室;積德累功,慈心於物;忠孝友悌,正己化人;矜孤恤寡,

敬老懷幼；昆蟲草木，猶不可傷。宜憫人之凶，樂人之善；濟人之急，救人之危。見人之得，如己之得；見人之失，如己之失。不彰人短，不炫己長；遏惡揚善，推多取少。受辱不怨，受寵若驚；施恩不求報，與人不追悔。

所謂善人，人皆敬之，天道佑之，福祿隨之，眾邪遠之，神靈衛之；所作必成，神仙可冀。欲求天仙者，當立一千三百善；欲求地仙者，當立三百善。

苟或非義而動，背理而行；以惡為能，忍作殘害；陰賊良善，暗侮君親；慢其先生，叛其所事；誑諸無識，謗諸同學；虛誣詐偽，攻訐宗親；剛強不仁，狠戾自用；是非不當，向背乖宜；虐下取功，諂上希旨；受恩不感，念怨不休；輕蔑天民，擾亂國政；賞及非義，刑及無辜；殺人取財，傾人取位；誅降戮服，貶正排賢；凌孤逼寡，棄法受賂；以直為曲，以曲為直；入輕為重，見殺加怒；知過不改，知善不為；自罪引他，壅塞方術；訕謗聖賢，侵凌道德。

射飛逐走，發蟄驚棲；填穴覆巢，傷胎破卵；願人有失，毀人成功；危人自安，減人自益；以惡易好，以私廢公，竊人之能，蔽人之善；形人之醜，訐人之私；耗人貨財，離人骨肉；侵人所愛，助人為非；逞

志作威，辱人求勝；敗人苗稼，破人婚姻；苟富而驕，苟免無恥；認恩推過，嫁禍賣惡；沽買虛譽，包貯險心；挫人所長，護己所短；乘威迫脅，縱暴殺傷；無故剪裁，非禮烹宰；散棄五穀，勞擾眾生；破人之家，取其財寶；決水放火，以害民居；紊亂規模，以敗人功；損人器物，以窮人用。

見他榮貴，願他流貶；見他富有，願他破散；見他色美，起心私之；負他貨財，願他身死；干求不遂，便生咒恨；見他失便，便說他過；見他體相不具而笑之，見他材能可稱而抑之。埋蠱厭人，用藥殺樹；恚怒師傅，抵觸父兄；強取強求，好侵好奪；擄掠致富，巧詐求遷；賞罰不平，逸樂過節；苛虐其下，恐嚇於他；怨天尤人，呵風罵雨；鬥合爭訟，妄逐朋黨；用妻妾語，違父母訓；得新忘故，口是心非；貪冒於財，欺罔其上；造作惡語，讒毀平人；毀人稱直，罵神稱正；棄順效逆，背親向疏；指天地以證鄙懷，引神明而鑒猥事。

施與後悔，假借不還；分外營求，力上施設；淫慾過度，心毒貌慈；穢食餧人，左道惑眾；短尺狹度，輕秤小升；以偽雜真，採取姦利；壓良為賤，謾驀愚人；貪婪無厭，咒詛求直。

嗜酒悖亂，骨肉忿爭；男不忠良，女不柔順；不和其室，不敬其夫；每好矜誇，常行妒忌；無行於妻子，失禮於舅姑；輕慢先靈，違逆上命；作為無益，懷挾外心；自咒咒他，偏憎偏愛；越井越灶，跳食跳人；損子墮胎，行多隱僻；晦臘歌舞，朔旦號怒；對北涕唾及溺，對灶吟詠及哭；又以灶火燒香，穢柴作食；夜起裸露，八節行刑；唾流星，指虹霓；輒指三光，久視日月；春月燎獵，對北惡罵，無故殺龜打蛇…如是等罪，司命隨其輕重，奪其紀算。算盡則死；死有餘責，乃殃及子孫。又諸橫取人財者，乃計其妻子家口以當之，漸至死喪。若不死喪，則有水火盜賊、遺亡器物、疾病口舌諸事，以當妄取之值。

又枉殺人者，是易刀兵而相殺也。取非義之財者，譬如漏脯救饑，鴆酒止渴；非不暫飽，死亦及之。

夫心起於善，善雖未為，而吉神已隨之；或心起於惡，惡雖未為，而凶神已隨之。其有曾行惡事，後自改悔，諸惡莫作，眾善奉行，久久必獲吉慶；所謂轉禍為福也。故吉人語善、視善、行善，一日有三善，三年天必降之福。凶人語惡、視惡、行惡，一日有三惡，三年天必降之禍。胡不勉而行之？

將難經變爲易經第十三講（2015/11/25）

一、案例解析：

◎最近大量掉髮，如用數字3與8，試問其意為何？
　另外掉髮狀況何時可獲得改善？

　　3為丙為火，8為辛為兌，二者組成為火澤睽卦。
火澤睽 ䷥ 代表丙火被辛金蒙蔽，丙火是可以生乙
木，是太陽普照大地之象，其可讓花草樹木蓬勃而
生，但結果出現了兌金（辛金，酉金），而兌金則會
破壞乙木，而且也會蒙蔽丙的情性，因此造成了緊張
情性，且看診醫生也未給予明確病因，所以就越來越
緊張，因此壓力也就越大，所以火澤睽卦 ䷥ 也代表
內在壓力在形成，因此只要去除雲霧（8、辛金）這
樣就可以痊癒。

$$時\quad 日\quad 月\quad 年$$
$$庚\quad 乙\quad 丁\quad 乙$$
$$辰\quad 巳\quad 亥\quad 未$$

　　以本日問卦，現在為丁亥月、乙巳日、庚辰時，
因此雖有巳亥沖情形，但此沖並無影響，因其落點非
在辛巳日，以火澤睽卦 ䷥ 而言，是3的丙火被辛金
蒙蔽，而現在時辰是巳落入了辰庫，而巳也因為亥，

而讓其能量在下滑，因此最主要如能加以運動就會好起來，如感覺再有壓力，亦可接受中醫診治，而所看中醫由居住地向東或南方位找，因為中醫屬木（西醫屬金），然後在早上太陽昇起後前往運動，如此在 8 日後就可以恢復（其落點為 8）。

這並非真正的疾病，只是一種內在的壓力，而乙、巳本身修復能力就相當的好，而丙遇辛金時，只要把丙凸顯了就會好，所以說在乙木形成的卯或辰時，前往運動就可以恢復。

醫學上中醫屬木西醫屬金，中醫為東的卯木，西醫為西的酉金，因此二者診治方法不同，所以接受中西醫診治是走東西之路，若問鬼神則屬南北是為子午，因此祈問鬼神是走子午之線。

人在走的路線，可以說都是在子、午、卯、酉。因此參拜時用香目的就在通天地鬼神，而祈問鬼神診治時比較空泛，因此大部份都會在開出藥方，如此就有子、午、卯、酉兼顧之意。

如開壇問病有時會將咒語書寫於金紙之上，然後請問病者將金紙燒化和水服之，如此即有子、午、卯、酉之情，因金紙屬卯、酉，而燒化和水即有子、午之

意，因此可以說是含蘊子、午、卯、酉。

二、命卦卦位與十二長生表胎、養關係
（一）十二長生表胎、養關係
◎每個人命卦是否有胎養？

　　在命卦中不一定有胎養，而胎養是由命卦套入天干所求得的；但每個人八字一定有先天胎元及後天胎息。胎元之位，算法為當月天干進一，地支進三，如本月為丁亥月，丁進一為戊，而亥進三為寅，所以胎元為戊寅月；而胎息是日柱天干的五合、地支的六合稱之，如今日乙巳日生，則乙天干五合為庚，地支六合為申，所以庚申就是乙巳日生之人的胎息。

　　在擇日學中胎元稱之為陽氣（男命）陰胎（女命），代表受胎之月，也就是在丁亥月出生之人，是在戊寅月受（懷）胎，因此由戊寅月起算至丁亥月為十個月。若有告知早產多少月，則依此公式少推多少月即可。一般在八字學上並未算至如此，只就八字排列來加以判論，但在一般八字命理、神煞學中，當然也有一部分有在推論使用胎元與胎息，但我個人早已不在使用這些神煞法了。現在論命都以大自然定律法則在推演使用。

　　胎、養可以從命卦中推算，而命卦可用出生年來找命卦，其推算公式如下：

　　歲次年前後數字相加，也就是立春後民國個位數數字與十位數數字相加，如民國 39 年十位數為 3，個位數為 9，然後將此二數相加。依此相加數字所得之數，再將前後個位數數字與十位數數字相加，所得之數即是推算該人之命卦，然後女命由 8 艮順推，男命則由 7 兌逆推。

　　另外因宮位由 1 到 9，因此如有 9 的數字則可去除，留下單獨數字來推算（如 91 可去除前面 9 單獨用 1 來推算，因 9+1=10，而 1+0=1 所以還是為 1），但若同時數字為雙 9，則須保留一個 9 來推算（如採用歲數，則先換為歲次，再推算命卦，如 60 歲其歲次，104 年減 60 再加 1，所以歲次為 45 年），但最快的方法就是查表。

　　各卦數字、相對位置與所代表天干，詳如下表男、女命，命卦推算表。

男、女命，命卦推算表：

4、巽、天干乙	5、黃	6、乾、天干庚
3、震、天干甲	男命寄坤天干為己	7、兌、天干辛（男命起算）
2、坤、天干己	女命寄艮天干為戊	8、艮、天干戊（女命起算）
1、坎天干壬癸		9、離天干丙丁

男命由 7 兌(辛)依逆時鐘方向推算，女命由 8 艮(戊)依順時鐘方向推算。

例如：

　　出生年歲次為民國 39 年（以陰曆而言須為立春以後），依公式先將個位數數字與十位數數字相加即 3+9=12，然後再將前後個位數數字與十位數數字相加即 1+2=3，而女命由 8 艮順推，男命由 7 兌逆推（依上表男、女命，命卦推算表），現為女命因此由艮卦代表 1，順數至 3 為坎命。

　　坎為水，而水有壬水與癸水，一般而言水、火並

不分陰陽，因此水、火均以陽天干為主，所以可以用陽的天干直接切入，但若要分男女，女命可以用癸水，男命用壬水。現為女命因此可以直接用癸水，查對萬年曆 23 頁的十二長生表：癸長生在卯，癸為陰，因此用陽順（順時鐘）陰逆（逆時鐘），逆即往後推算，因此巳為胎、而辰為養，所以女命 39 年次的胎在巳，養在辰，要想知道命卦中的長生、胎、養之位在何處，就是將命卦套入天干中來計算，然後再依十二長生訣找出相關位置（當然最直接方式，可查老師所著史上最便宜、最精準、最實用彩色精校萬年曆 23 頁，十二長生排列表）。

如為男命的坎水，其天干則屬壬，而壬的長生在申，胎在午而養在未，其臨官位（祿位）在亥，也就是萬年曆 23 頁十二長生排列表內容，一般是直接用天干來查對，但因用命卦所以須先將命卦轉為天干，然後再依天干找出十二長生相關位置。

另外八卦之天干代表，震卦其天干為甲，坤卦為己，而火土共長生（丙、戊為寅，丁、己為酉），而坎沒有陰陽因此直接用壬、癸，巽卦為乙，五黃男命寄坤卦天干為己，女命寄艮卦天干為戊，乾卦天干為庚，兌卦天干為辛，艮卦天干為戊，離則同時有丙、丁，則男命用丙、女命用丁，因此可以透過代表各卦

的天干，找出其長生、胎養等位。

一般八字都是直接由出生日來找，而命卦是每個人都有，當單獨由命卦找胎、養位時，就須依上述方法來加以推算。

譬如出生日為癸，而癸的長生位在卯，胎在巳，養在辰，因此此出生日之人，其八字之中如無巳、辰，代表在其八字之中並無胎、養之位，但他的胎位還是在巳，養位還是在辰，而胎、養作用是代表氣剛剛開始在形成。因此胎的能量僅為正1，而養的能量也才為正2，故胎、養之位其氣並不是很旺，如要找氣旺之位，則須找其臨官之位（祿位）。

胎、養之位並不重要，反而從長生之位，可以探究、瞭解八字之中很多的架構，譬喻女命為癸水則其丈夫為戊土，戊是為癸的正官，而戊長生在寅，若此女其八字時辰中又有寅，則代表其有二任丈夫，因為長生是代表從新開始，而此女有戊土的丈夫，長生在寅位的開始，而本身又有寅，代表將又有長生之意（從新再開始之意），因此女命為癸，如有二次長生在寅，代表有兩個戊，而戊又為癸之丈夫，所以說有二段婚姻，故女命八字日主為癸、戊寅月、甲寅時，在戊寅月時是一個開始，而在甲寅時又是另一個開始，因此

說此女有二段婚姻現象。

其實判論上並不一定以多少個戊土正官為定，但在傳統學術上認為是傷官、剋官，所以會有二個丈夫，但在我們的學術上並不論傷官、剋官的問題，而是因官星緊密連結在一起，即戊寅月與甲寅時，是緊密連結在一起關係，也就是丈夫在戊寅之處長生（長生代表開始之意），然後又有甲寅的第二任丈夫出現，所以才論此女有二段婚姻現象，就現象而言由月柱戊寅，再而時柱甲寅（時柱代表子女宮，而子女代表比較年輕），是代表越嫁越年輕，當然也可說再嫁丈夫比較小孩子性。

又女命八字日主為癸水、月柱戊寅、時柱戊午，如此在傳統學術上為兩戊合一癸，因此其婚姻有重複再嫁情形，這是單獨在論天干而言，然而在我們當前研究的學術，實際上是不會有再嫁情形，日主為癸水的女命雖然出現了二個戊土，但戊是從戊寅開始到戊午，戊土在寅其能量為正3，到了戊午則為帝旺的5，是代表丈夫能力在提升，但如日主為癸的女命，其月柱為戊子、時柱戊午，子、午兩者就代表不同的人，因為二者是子、午沖，而沖就代表不是相同的人，因此就有二段婚姻現象。所以說只要是不沖，或不是同時的長生位，則屬同一人。

　　若將上述八字女命改為男命，則代表有二份工
作，即一份工作結束後，再從事另一份工作，若是再
改為同是戊午時，則代表同時有二份工作，若為戊寅
與戊午，則代表事業經營越來越大。

　　由上可知天干雖不變，但地支有所改變，則其結
果也就有所不同，也就是隨著地支改變，其結果論就
會完全不同，天干是象、地支是象的強弱，所以觀看
前人所著書籍，有時會陷入論判窠臼，而不瞭解其中
所蘊涵真正意義。另外癸之後並無戊子，因為從午到
子為結束，所以癸之後的戊，並非戊子只有壬子（癸
之後的戊是戊午時），在此是假設有午，所以說午不
見，也就是代表其已死亡。

　　另外要知道胎養是剛在孕育，也代表剛要開始，
即心中開始想要，但並不一定要得到，而長生是開始
形成，絕位為０代表沒有，是為相互交替之位，亦即
是陽死陰生、陽生陰死或陽順陰逆，譬如癸在卯長
生、壬在申長生，而陽順陰逆之意，就是陽壬是以順
時鐘方向，由申長生而開始然後依序為酉沐浴、戌冠
帶、亥臨官、子帝旺、丑衰、寅病、卯死（癸水長生
在卯）、辰墓、巳絕、午胎、未養。

　　而陽天干壬死於卯，則陰天干癸水在卯長生，因此是陽死陰生，然後陰天干再依序逆行（順行或逆行是依 12 地支順進或逆行而言），陽天干長生位是在地支寅、申、巳、亥，如將其佈於畫成四方格中，剛好是對稱的四個角落，而陰天干則是互為對沖的子、午、卯、酉，其中因為火土共長生，所以丙火、戊土長生在寅，丁火、己土長生在酉，火土長生之位是相同（另有一派認為戊土不在寅長生，而是在水之處長生，因此理論上有些相反，是認為水存於土中是為水土同一氣，所以戊與壬在申長生）。就老師個人用法，比較重視長生位與臨官位（祿位）。

　　在 2015/11/11 第十一講中曾言，只要符合公平、合情、合理、合法，連續三次在酉日、酉時祭拜祈求，其靈驗度比其他時間更快更準，對所要追求事物更容易心想事成，其原因也就在於陽死陰生、陽生陰死，要知道這些並非前人所謂的密訣，他其實是一種推論判斷的工具，因此是提供大家共同研究、運用與討論而非隱而不宣。

（二）命卦卦位推算與 12 長生表關係
◎甲午其命卦位為何？

　　甲是天干的第一位所以為 1，而 1 須加 2（在推算命卦時，任何天干都須加 2），因此甲的個位數為

3，而午（生肖屬馬）在地支排序為第七位所以為 7，然後用地支數（地支為 12 個）的倍數加 7，一直加到尾數為 3（3 由來是甲天干數加 2），所以為 12（地支總數）+12+12+7（7 由來為地支午之數）=43，因此甲午年為民國 43 年次（只要其超過陽曆的 2 月 4 日），即屬陰曆的 43 年次，因此就直接用 4+3=7（然後依上述公式推算）。

用 7 代表一個基數，然後女命由 8 艮卦順推，是進入 5 黃中宮，而 5 黃中宮女命為艮卦（男命為坤），因此艮是代表戊土，再從戊的長生位來找，戊的長生位為寅、沐浴在卯、冠帶在辰，而胎在子、養在丑。其祿位（臨官位）在巳，以上就是甲午的命卦位，也就是命卦的 12 長生表。

◎卯其命卦位為何？

辛是天干的第八位所以為 8，而 8 須加 2（在推算命卦時，任何天干都須加 2），因此辛的的個位數為 0，而卯（生肖屬兔）在地支排序為第四位所以為 4，然後用地支數（地支為 12 個）的倍數加 4，一直加到尾數為 0，所以為 12（地支總數）+12+12+4（4 由來為地支卯之數）=40，因此辛卯為民國 40 年次，只要其超過陽曆的 2 月 4 日，即屬陰曆的 40 年次，因此就直接用 4+0=4 為基數來推算（依上述公式），

然後男命由兌卦逆推,如此是為巽卦命。而巽的天干
為乙,因此即可依12長生表,用乙找出其命卦的12
長生表。(建議:還是查表速度比較快)

◎若用年次如何反推為天干、地支組成之年,如39
　年次其天干、地支組成之年為何?

　　生辰用天干、地支時,是天干排列位數加2,而
年次時則須年次數字尾數減2,因此39年次尾數為
9,然後9-2=7,7為天干的庚,然後再以總數除以
12,即39除以12餘3,而3為寅,因此39年次之
人為庚寅年。(其實最快方法是可以查,老師所著萬
年曆第29頁的,三元六十甲子男女命卦速見表或直
接查萬年曆)。

　　另外可以用當年地支之數來推算其年次,如今年
(乙未年)出生者為一歲,去年(甲午年)出生者為
兩歲,亦即由乙未年退後(逆推)一年,然後依序後
退,至酉年為11歲,如以當年地支前進(順推)每
隔一個地支宮位分別為11歲、21歲、31歲、41歲、
51歲、61歲(可以用當年地支加60)、71歲。而天
干之數為10,因此每隔10年其天干宮位是相同的,
如今年為乙未年,而至11歲時為乙酉年、21歲時為
乙亥,所以尾數為1者其天干均為乙,而乙之前為
甲,因此尾數為2都為甲,尾數為3都為癸。(詳如

下表地支換算歲次推算表)

地支換算歲次推算表（以今年乙未年為例）

巳 為3、51歲	午 為2歲	未（今年為 乙未年）為 1、61歲	申 為12歲
辰 為4歲			酉 為11、71 歲
卯 為5、41歲			戌 為10歲
寅 為6歲	丑 為7歲、31	子 為8歲	亥 為9、21、 81歲

◎例如庚寅年之人其歲次為何？

　　可以由寅宮開始起算天干的庚，順數至有標示為1之處（也就是當年之天干之處），即庚、辛、壬、癸、甲、乙，而至乙之處為1歲或61歲之處，然後再由1歲或61歲之處逆數回數至寅宮，因此甲午年62歲、癸巳年63歲、壬辰年64歲、辛卯年65歲、庚寅年66歲，所以庚寅年之人，其歲次有可能為6歲或66歲。

　　例如：甲午年，由午宮起算天干的甲，至標示為1之處，然後由乙回數至午宮，因此甲午其歲次有可

能為 2 歲或 62 歲。

例如：壬申年生，由申宮起算壬順數到乙為亥宮為 21 歲，再由 21 歲亥宮逆數，戌為 22 歲、酉為 23歲，則申為 24 歲，所以壬申為 24 歲。

例如：癸丑年，由丑宮位起順數算天干的癸至有尾數 1（即天干為乙之處），即癸、甲、乙而由丑宮位至乙為 41 歲之處，然後再由 41 歲逆數回數至丑位，因此癸丑歲次為 43 歲。

例如：戊辰年歲次，由辰宮位起算天干的戊至有尾數 1（即天干為乙之處），即戊、己、庚、辛、壬、癸、甲、乙，是為亥宮之位為 21 歲之處，但此處並非其宮位，其宮位是在辰，因此再由亥宮 21 歲逆數回數至辰位，因此戊辰年歲次 28 歲。

餘天干地支組合年柱，換算歲次均依此類推。當然這是依今年（乙未年）來起算，若是明年則須由丙申年，為基數的 1 起算。

如改以年次推算歲次，則須以民國之年減去年次，但習慣性是為虛歲，因此須再加 1，例如 58 年次之人其歲次？即 104 減去 58 然後加 1，所以歲次是為 47。（最簡單、快速方法可查當年農民曆）。

假設明年為丙申年,因此在明年申年出生者為一歲,而未年為二歲,然後依上述公式,順推每隔一個地支宮位,則為11歲、21歲、31歲、41歲、51歲、61歲,因此乙亥年出生者其歲次,可由亥宮宮位起算天干的乙至有尾數1(即天干為丙之處),順數即乙、丙,而至丙之處為子宮、21歲,但此處並非其宮位,其宮位是在亥,因此再由此處21歲逆數回數至亥宮,因此乙亥年出生者為22歲。

如58歲其年柱天干為何?即由51歲次丙午年回算至58歲處為己亥年,因此58歲年柱為己亥年。也可由61歲丙申年的申宮往前順數天干歲數,逐一遞減,則為丁酉宮60歲、戊戌宮59歲、己亥宮58歲,所以58歲為己亥年生。

三、易經六十四卦解說:

(一)風山 漸卦☴☶卦序第53卦

漸卦卦辭:漸,女歸吉,利貞。

彖傳:漸、漸進也,女歸吉也。進得位,往有功也,進以正,可以正邦也。正其位,剛得中也。止而巽,動不窮也。

大象傳:山上有木,漸;君子以居賢德善俗。

在風山漸卦☴☶字義上,有穩定的循序漸進之

意，另外也有水斬字象，即由來自於巽卦的水，慢慢的滴穿艮卦所代表山石，但在我們的學理上風山漸卦代表乙木在戊土之上，慢慢穩定的成長，是一步一步的打好根基，因此才稱之為漸，而乙木可以代表小花草，而小花草依附於高山之土，因高山之土為硬土，因此就沒有辦法快速成長，就形成慢慢循序漸進之象，此象也如同地支的卯、戌合。

另外卯、戌合在傳統學術上，認為是卯戌合化為火，但其實並非如此，是卯戌的合化必須要有火的能量，而火代表的是春、夏之氣，而戌是為秋冬之期也代表為硬土，因此卯木要依附於此成長，就必須是在春、夏有火的能量之時，他才能有朝氣的慢慢成長，因此就形成漸卦之象，若將此卦上下交易則成山風蠱卦☶☴，蠱卦是乙木（巽）在秋冬（戌）種植之象，但樹在秋冬種植則容易枯蛀死亡，所以蠱卦代表秋冬，而漸則代表春夏。

因此由此卦象就可以反推，依八字排例方式，山風蠱卦的樹是自己所栽種，因此不能論判為樹木枯死，而是有重新再來之意，即自己創業新開張之象，而戌、卯則是風山漸，代表此樹是由長輩所給予的，也就是此事業是由長輩傳承下來，因此就有百年老店

之象，卦象化為干支運用其方法就是如此，亦即是依其排列組合之關係加以判讀。

卯木很難依附在戊土之上，如在秋冬之期卜到風山漸卦䷴，其就有山風蠱卦䷑之象，漸卦䷴是代表想法可以慢慢的穩定形成，但是大自然給予的氣，則在告誡其可能成為山風蠱卦䷑，所以卦在論判時，有時必須上下卦易位，而上下卦易位原因，有時是由於季節、當下時間、氣候等因素，因此在秋冬卜到風山漸卦䷴，雖是慢慢的穩定成長，但到最後則會有弊端發生，是沒有辦法達成目標。

反之在春夏卜到山風蠱卦䷑，代表乙木目前狀況不好，但現在的時機有貴人出現（春夏之氣代表貴人），目前雖處在不好的蠱卦之中，但外在環境給予好的時機，雖沒有辦法快速，但慢慢的累積能量就可以成功，因此季節、當下時間、氣候等因素也有類似動爻之象，所以動爻不一定是在卦爻上顯示，外在的環境有時也是一種動爻。

所以卜到的卦是代表當下情形，而季節、當下時間、氣候等因素代表未來的變化，若卜到的卦合於季節時間是好上加好，反之則是壞上加壞，所以季節、時間也可以說是最終的目標，故卦不一定需要有動爻

才能論吉凶、結果論。

　　卦之組成若是一爻一爻的卜卦，則由下而上逐一排列裝卦，如每次用抽卦方式抽出三畫卦，則第一次抽出者為上卦，第二次則為下卦，然後再抽取動爻，若不抽取動爻，可以用現在季節、時間、當下氣候直接來判論，所以現在季節、時間、當下氣候，可以做為最終的結果論。

　　但必須瞭解季節大於現在的時間，但如果是為短期者，則以當下情形為主，而長期者須用月令、季節，如蠱之象就在強調季節，若抽中離卦之時適逢下大雨，就有火將被熄滅之象，是代表現在表面上雖是很亮麗，但內心之上切潛藏著壓力，其原因就是當下正在下大雨，讓光鮮亮麗的情性不見，因此代表內心潛藏壓力，也就是外面光鮮亮麗，其實內心正在水火交戰，所以說是內心正潛藏著壓力。

　　故可以不用動爻以外面氣候，就可以做為最終的結果之論判。反之抽中的是坎卦，而當下為巳、午之時間，是為艷陽高照，如此代表坎水將變成為有能量、有智慧的水，變成可以儲存溫度，得到財物、智慧的水，其原因是因為當下太陽高照。

　　若抽中之卦為土也會因季節而有所不同，譬如卜到坤土，而坤土為己、未之象，然而用己、未是在問官星（事業）或是財物？若強調官星（事業）則須在白天，因白天才有木，白天的木為乙、卯，從己、未的角度，乙、卯為官星，代表己土、未土可以讓乙木、卯木快速成長，所以白天抽到坤卦▆▆，問事業為何？因為乙、卯可以在己未之土快速成長，故代表事業是很好，是在擴展當中。

　　若白天抽中坤為地▆▆問財星，代表他不是現金，因為白天代表火的能量，而火的能量所代表的是坤為地▆▆己、未的印星，也就是看不到現金，但可由其他方式賺錢，因印星代表合約、土地、房屋，若為晚上的亥時抽到己、未，代表亥水可以直表進入己、未，也就是現金可以直接進來之意。

　　上項何以用不同時間、氣候與季節，陳如上述季節、時間、氣候等觀點，須依所設定達成目的期程的長短而論吉、凶事項。

將難經變為易經第十四講（2015/12/02）

一、問題與解說：

◎占有無懷孕時，卜到澤地萃卦☱☷，動爻為第二爻，即原卦為澤地萃卦，變卦為澤水困卦☱☵其意為何？

　　澤地萃卦☱☷，上卦兌為辛金，辛金代表種子，下卦坤為土，有種子播在土地之象，萃也是一種聚集，整體之象為辛金（種子）在土地之中準備破土而出，也就是即將孕育而成，故為有懷孕之象，而動爻後為澤水困卦☱☵，所以在懷孕之初，要小心注意，行動不可太大，而且澤水困卦☱☵之象，是圓形之物其內有木，是代表水果之內有汁液，因此表示是有生命的存在，但因坎水（下卦坎卦）可能會沖刷掉辛金（上卦兌金），故說在剛開始三個月內，要小心注意行動不可太大，另外本卦與動卦上卦均不變，而下卦是由陰卦坤卦，一動而為陽卦的坎卦，因此所懷者為男孩。

◎癌症病患占化療後的病況如何？

　　卜到雷山小過卦☳☶，動爻為第二爻，即原卦為雷山小過卦，變卦為雷風恆卦☳☴其意為何？

雷山小過卦 ䷽ 有木，穩紮在土地之中的象（上卦震卦為甲木，下卦艮卦為戊土），因此代表生命跡象是穩定的，動變為雷風恆卦 ䷟，恆卦下卦為乙木、枝葉，有樹木開始在發芽跡象，表示在化療之時所掉之髮，已開始在生長回來，雷風恆卦 ䷟ 所含之意，為本身有自我修護能力，全卦卦象為木穩紮在高山之上，因此生命跡象是穩定的，動變為雷風恆卦 ䷟，是樹木開始在發芽、生長枝葉，也就是目前正在快速修護之中。因占卦所問者為治療之後的，持續力及發展情形，以卦象而言其生命力是穩定的，所以是為吉象。

◎若是占問病情為何？

代表病情是不樂觀，因雷山小過卦 ䷽ 是穩紮於土中之象，代表病情根深蒂固，而動變又為雷風恆卦 ䷟，代表癌症病情是不斷的在漫延生長，所以病況是為不樂觀之象。故卦本身並無好壞之分，完全視問題之內容而論判吉凶。

二、塔羅牌與天干地支彼此關係

塔羅牌與天干地支，彼此是有連結的，在塔羅牌1號牌的魔術師，是可以代表甲木的，因為甲木可以無中生有，就如澤地萃卦 ䷬ 就是要無中生有，要萌

芽破土而出，有如魔術師可以從沒有之中變成有，然後從沒有變成有之後，仍然再繼續成長，到了春夏枝繁葉茂，遇到秋冬則是枝葉凋萎，隨著大自然季節變化，不斷改變原來面貌，所以甲木之象，有如變魔術一般。

塔羅牌在魔術師1號牌之前，為0號牌的愚者，所以第一張牌是為愚者，甲木長生之地為亥，木的形成是透過亥而來，而愚者代表沒有接受到太陽能量，因為太陽能量代表智慧、溫度、磁場，當其接受到這些能量之後，就如亥中藏甲（參考萬年曆第24頁）地支藏干表），而且亥時也是暗黑之時，因此代表種子浸於水中，即將開始萌芽，當種子將破土之時，其並不需要陽光，故愚者只需有水不需陽光，所以亥可以代表0號牌的愚者。

因此愚者在牌卡上，排在第一張符號為0原因即在於此，另外太陽照射海洋產生水蒸氣，水蒸氣聚集成雲霧降而為雨，然後雨水又流向海洋輪迴循環，就如塔羅牌第十號牌的命運之輪，也合於十天干的輪迴現象，從0號牌的愚者至21號牌的世界，總計為22張牌卡，正合於天干、地支總合之數，及由地支的亥甲木長生到天干，然後最後落點，又回到了地支的循環，如此生生不息。

西方是以圖形、圖卡，或不一樣的文字、語言來詮釋自然現象，而東方（中國）是用形象、符號來解說，如塔羅牌 15 號牌的惡魔，在天干地支中是以辰來代表，因他可以收藏水及太陽，在地支之辰是在收藏水，戌是在釋放水，因其辰、戌可以收藏太陽，所以稱辰、戌為永夜，故辰像惡魔可收伏一切。

地支的申代表塔羅牌第 19 號牌太陽，寅時是睡眠的最好時辰，人睡著就如死人一般，所以寅木是為活的死人，故寅可以代表死神，而寅是從丑破土而出，因此也有死而後生之象，在死神之前為吊人，而吊人之象又如丑，如沒有吊好一摔就會摔死，因此其後為死神，若吊卦妥當就可破土而出，因此八字有寅木之人，都具備開創事業的能力，有辦法無中生有，是屬於白手起家，但寅要破土而出，必須經過很多的險難，在水雷屯卦象傳即有剛柔始交而難生之語，代表寅破土而出之階段，須經過很多險難。

寅有類似死裡逃生，寅須能夠在高山破土而出，才可稱之為寅，因為每粒種子播於土中，並非每顆均能萌芽而出，因種子有好與不好，好的種子在萌芽而出後，代表其是為精良的，因此當種子萌芽而出之後，其生命力就會很強，品種就會很好，而不好種子，

可能隨時受到環境壓力而不見，種子在天干代表辛，
在地支代表酉，因此在十二地支中酉代表審判，也就
是分其好壞定其所屬，酉也是成熟的果實種子，代表
接受了審判，才能重新投胎。從塔羅牌牌卡到天干地
支相似現象，可以說是與當前，研究的學術、理論，
是不謀而合的。

　　塔羅小牌牌卡也沒有脫離天干、地支所代表意
涵，如權杖、寶劍、金幣、聖杯，權杖代表春天的木，
寶劍代表夏天的火，而豐收之後代表錢幣，即把豐收
東西轉為金錢利祿，所以金幣代表秋天，聖杯代表
水，而牌卡又有寶劍 1、寶劍 2、寶劍 3……到寶劍
10，又符合 10 天干從 1 到 10，如寶劍 1 配 3，寶劍
2 配 3、寶劍 3 配 3，猶如天干 1 配火、2 配火、3 配
火，故塔羅小牌與天干地支亦是無所脫離。

　　另外權杖、寶劍、金幣、聖杯各個四張的宮廷牌
牌卡也代表春、夏、秋、冬，也是木、火、金、水，
如此又連結配合了《易經》，另外也可以從 12 辟卦陰
陽之消長，套入地支來做切入，如此就可以將東西方
的符號予以連結，因此也代表所有的學術都是可以與
《易經》64 卦互相連結的，也證明《易經》是所有
五術之源頭，所有之學術都來至於《易經》之陰陽變

化之中。

補充：西方（塔羅牌牌卡分為：大阿爾克那二十二張、小阿爾克那56張，大阿爾克那二十二張分別為：0號愚者、1號魔術師、2號女祭司、3號皇后、4號皇帝、5號教皇、6號戀人、7號戰車、8號力量、9號隱者、10號命運之輪、11號正義、12號吊人、13號死神、14號節制、15號惡魔、16號高塔、17號星星、18號月亮、19號太陽、20號審判、21號世界。此剛好符合了天干及十二地支共二十二張。

小阿爾克那總數是由56張牌卡所組成，分為四種屬性兩種牌組。四種屬性為木（權杖）、火（寶劍）、金（錢幣）、水（聖杯）這四種元素。

兩種牌組以及四種屬性的牌組，各自可分為數字牌組的寶劍、權杖、聖杯、金幣，等各1到10的牌卡。

宮廷牌組則有：寶劍隨從、寶劍騎士、寶劍王后、寶劍國王；權杖隨從、權杖騎士、權杖王后、權杖國王；聖杯隨從、聖杯騎士、聖杯王后、聖杯國王；錢幣隨從、錢幣騎士、錢幣王后、錢幣國王。

三、易經六十四卦解說：

(一)風水渙卦 ䷺ 卦序第 59 卦

渙卦卦辭：渙：亨。王假有廟，利涉大川，利貞。

彖傳：渙，亨。剛來而不窮，柔得位乎外而上同。王
假有廟，王乃在中也。利涉大川，乘木有功也。

大象傳：風行水上，渙；先王以享于帝立廟。

風水渙卦 ䷺ 上卦為風為乙木，下卦為壬水，下
卦何以為壬水而不為癸水？

因卦稱之為渙，而渙為漂流木在水上流動，代表
沒有固定情性，也因壬水才會流動，癸水則從天而降
有土阻隔，就無法稱之為渙卦，所以八字中乙木遇到
壬水（或卯遇壬），並非不好而是可隨遇而安可入境
隨俗，風水渙卦有乙木隨水漂流之意，而乙木也可代
表船隻，所以說船會隨著壬水行走，故說渙很容易適
應環境，因此風水渙卦 ䷺ 之象是很好。

購屋時占到風水渙卦，代表還沒有穩定下來，即
尚未看到合意的房子，因乙木還在流動，從乙的角度
壬、癸水為其印星，印可以代表房子，所以有為房子
之事，尚在到處流動、尋找之象，故代表尚未找到房
子，然何時可以找到房屋？

即需要在壬水停止流動之時，渙卦上互卦（三、四、五爻）為艮卦☶，所以只要艮土出現，就可加以阻擋代表可找到房子，因此在己丑月之時就可找到（丑為後天的艮卦、先天的震卦位，而艮代表土，位於東北方宮位，此宮含有丑、艮、寅），而己丑月之後為庚寅月，代表乙木找到依靠，所以在己丑月就可找到理想房子。

◎然而何以不用戊子月？

因戊子尚有高山之水往下流動情形，是為山水蒙卦之象，雖蒙卦與渙卦為同屬性，但山水蒙卦代表尚在流動，也代表還不是很穩定，因此才以己、丑月為之，而己丑月是地山謙卦，代表土地也已經成形，可以讓乙木有所依靠，且住於此地之人是非常的謙虛，家庭生活也是穩定、和諧融洽。

所以也可用何月購屋，而來推論其屬性，譬如以丁亥月購屋，而丁亥月為火水未濟卦☲☵，是火的能量被亥水往下拉，因此就會有發費開銷很大情形，從水的角度火☲代表財，是財被亥水☵吸收，而亥水又往外流，代表金錢會有不當的支出，到了己丑之時才可穩定下來。

　　風水渙卦▦▦落點在丑，而丑與戌，丑比較接近於陽氣，雖然丑與戌均可代表艮象，但丑近於陽氣為地澤臨卦▦▦，戌則為山地剝卦▦▦，而且戌之水比較旺盛，依十二長生表，壬長生於申，所以壬在申時為正3能量，酉為正4能量，到了戌為正5能量，到了亥為正六的能量，因此戌是在強調壬水的屬性，故如論水戌的水就比較多，但戌之水為陰的水，在天干上認為壬水為陽而癸水為陰，但此處之壬水是為混濁之水，是代表陰氣之水，因此壬長生在申，是狂風引來之水。

　　申在十二辟卦是為天地否卦▦▦，是為水混濁，當癸水長生在卯之時為水風井卦▦▦，申為否卦而寅為泰卦，泰卦是強調春天之水，所以癸長生在卯，有正3能量，到寅為正4能量，到了丑則有正5能量，到了子則有正六的能量。癸水是可以飲用之水，而壬水為混濁之水，因此八字有申亥組合是為水混濁，如果沒有丑、戊、戌土，就很容易有糖尿病，因此必須透過太陽重新蒸發，或是高山之土重新過濾，在水風井卦▦▦初爻，即言井泥不食，故每個卦象也可以套入十二辟卦來運用。

戌與丑之用應以用丑為主，因戌土陽氣已衰養份不足，而且丑水是乾淨之水，所以可以直接論斷，人出生日屬土，則水為其財星，如遇到戌代表所賺之錢不為人所知，如遇到丑代表所賺的錢為眾所周知，所以可由壬癸分陰、陽，壬的本氣為陽，但其用為陰，即陽體（壬水為流動之水）陰用（流動之水會夾帶離質），而癸水為從天而降之水，是透過太陽蒸發而雲霧聚集，因此比壬水乾淨，但癸水落到地面之後，夾帶了大量泥沙，因此又變成了陰氣。如此壬、癸陰陽之氣循環生生不息。

（二）風地觀卦 ䷓ 卦序第 20 卦

觀卦卦辭： 觀：盥而不薦，有孚顒若。

象傳： 大觀在上，順而巽，中正以觀天下。觀，盥而不薦，有孚顒若，下觀而化也。觀天之神道，而四時不忒，聖人以神道設教，而天下服矣。

大象傳： 風行地上，觀；先王以省方，觀民設教。

觀代表可以看、欣賞，是一種美艷之象，是為乙木種於土壤之中，其所組成天干為乙、己之象，在此己並不代表溫度，而是代表一種現象，但如果組成一柱為乙未，則是代表有溫度，因天干遇天干不強調溫度，而用了地支之後就代表有溫度，因為地支不只強調溫度，還有方位、季節、時間，所以地支代表了方

位、季節、時間，天干是形於外的表象，也因是表象才稱之為觀，風地觀卦▦▦代表乙木快速成長而且亮麗，是在強調乙木之象，而乙木也是小花草，而其上互卦（三、四、五爻）為艮卦，代表乙木可以慢慢的長成大樹，因此又含有風山漸卦▦▦現象，所以此卦雖言小花草是亮麗的，然經過了一段時間之後，是可以長成大樹。

今年為乙未年，如果是今年創業，就可以很快的變成大企業，也就是可以很快的成長，但是必須面臨考驗，因為乙在未為溫度高，溫度高也代表外在考驗多，從乙木角度未土為其財星是為小財，而明年為丙、申年，是為火天大有之卦，所以從今年的小財，到了明年會成為大財，因此只要今年沒有意外且可以存活，明年就可快速成長，但丙、申代表必須勞動，因丙、申皆是動態之星，故只要肯努力、肯付出就會有收獲，因為大環境為火天大有▦▦。

觀卦在十二地支代表為酉，從申月天地否▦▦的果實即將成熟，到酉也代表是可以看得到的豐收，所以觀卦言先王以省方，觀民設教，其目的即在防止犯罪發生。

（三）風雷益卦 ䷩ 卦序第 42 卦

益卦卦辭： 益：利有攸往，利涉大川。

彖傳： 益，損上益下，民說无疆；自上下下，其道大光。利有攸往，中正有慶。利涉大川，木道乃行。益動而巽，日進无疆。天施地生，其益无方。凡益之道，與時偕行。

大象傳： 風雷，益；君子以見善則遷，有過則改。

　　風雷益卦與雷風恆卦，兩者是上下卦易位，從乙木的角度，遇到甲是為遇到貴人，因甲木可讓乙木其扶搖直上，因此在易經六十四卦中乙見甲，即言乙木遇到甲木可以得到好處。在八字十神法中是為劫財，然而乙木遇甲木所得到好處，只是在開始之初，因乙木要扶搖直上必須依附甲木，但到最後會被甲木所收藏，所以益卦到了最後，是甲木讓乙木進入了障礙，在恆卦則是甲木提供了好處給乙木，最後是乙木歸甲木所有，兩者不同的組合，其最終的結果論是完全不一樣的，不可不細心分辨。

　　所以甲遇到乙代表樹在成長，因甲為樹幹而乙為枝葉，有萌芽成長的永恆之象，因此甲木旁有乙木代表可以生生不息，代表遇到了困難、受傷時，本身修護、復原能力是很快的，若只有甲而沒有乙或卯，遭受了挫折就很難再站起來，譬如出生日為甲午沒有乙

木，時辰為壬申（狂風暴雨）如此甲木就很容易受傷，且受傷後就很難再起。

◎問投資占到風雷益卦䷩，其結果如何？

投資遇風雷益為乙木依附在甲木之上，是代表有風險，對方會讓自己進入障礙，最後會被其所坑殺，而沒有招架能力。

風雷益卦䷩若問兩者之感情，則是如膠似漆。

若問何時可以交到女朋友，則代表已有女（男）朋友，因為乙木是依附在甲木之上，是乙、甲相互依附。另外二者雖時常吵架，但確是不可能分手，因象為兩者緊密結合在一起。

（四）雷天大壯卦䷡卦序第34卦

大壯卦卦辭： 大壯:利貞。

彖傳： 大壯，大者壯也。剛以動，故壯。

大壯利貞，大者正也。正大而天地之情可見矣！

大象傳： 雷在天上，大壯；君子以非禮弗履。

甲申為雷天大壯，是為自我考驗，也就是自己懂得節制，大壯言大者正也，是自己懂得知止，也代表太太給予責任與壓力，所以甲申日之人，不管是男命

或女命，其配偶都會給予壓力，此壓力有時是為求好的表現，自我所設定的目標，即結婚之後為自己或配偶設定目標壓力，雷天大壯在十二辟卦之中是為卯月，所以知道自我約束與考驗，當遇到挫折之時大自然之卯就會給予修護。

因此當甲木遇到申的考驗，透過十二地支的戌、丑，（戌陽氣不足、丑陽氣足夠），大自然的卯就可以讓其修護，故此卦與先天巽卦屬性是相同，在巽宮之位分別有未、坤、申，而此處之申在後天位之坤能暢行無阻，含有成果展之意，即在成果展之後有巽卦，代表在成果展及成果驗收之後，又有了修護能力，所以大自然所安排之氣與卦，是讓人處處有生機不會置人死地，所以甲申是在卯月而不在申月，若在申月那甲就必死無疑。

所以甲木本身沒有乙、卯就會很危險，假設甲木遇到庚金，則是甲木會受傷，而其落點有乙木，代表甲木受傷（排列為庚金、甲木、乙木）之後是可以修護，有能力重新站起來，其考驗在前可說是早期接受考驗，若反之則是中年之後才受到考驗，如甲木生於庚午時，此考驗也就沒有能力再起，因依排序是做為年齡之界別，只要是甲木遇到庚金就是考驗，而考驗

在何時就看其排列組合關係。

甲申為大壯，雜卦傳大壯則止，是大之時要懂得知止，也即是甲木已停止成長，大不知進退，要知止；所以太太的太字大時可以大到無外，而小時小到無內的僅剩一點，因此是俱備了大與小，太是懂得進退，而大則不知進退，故大是有危險的，而太則是能屈能伸，因此取名勿取大而須取太，因太才有大小、有進退。

（五）風火家人卦 卦序第 37 卦

家人卦卦辭：家人：利女貞。

象傳：家人，女正位乎內，男正位乎外，男女正，天地之大義也。家人有嚴君焉，父母之謂也。父父，子子，兄兄，弟弟，夫夫，婦婦，而家道正；正家而天下定矣。

大象傳：風自火出，家人；君子以言有物，而行有恆。

風火家人卦 下卦離卦代表丙火，如將丙火解釋為白天，則丁火為晚上，乙木本來就怕丁火，而且丁的溫度比丙火還高，從丙、丁的角度，丙代表太陽，丁代表月亮，因為風火家人卦下互卦（二、三、四爻）為坎卦，而坎位為酉，在先天卦坎、離代表太陽、月亮，當離運行至坎位，則是月亮昇起之時，故坎、離

之線，是日月運行軌道，丁長生在酉，所以丁代表月亮，而月亮是會讓乙木受傷，下卦如為丁火則成火風鼎卦，因此風火家人卦☴☲是乙丙之象，換為天干、地支為乙、巳之象。

然在六十甲子神煞法中，乙巳是孤鸞煞（可參考萬年曆112頁），但另有一派言水、火蛇無婿為孤鸞煞，然而水火是為癸巳之象，在地支十神法中，從癸角度巳是為正財，而從乙角度巳是傷官，而傷官是會剋官，因此認為女命遇乙巳日是為孤鸞；從癸角度巳代表正官，而巳本氣為丙，是代表庚金長生，是為戊土之祿，因為太陽高掛在高山之上，從癸角度丙是為正財，庚是為正印，戊是為正官，巳本氣是為正財（丙）及正官、正印。

所以乙巳一開始之時就為傷官故不用，而癸、巳一開始為正財，具有財、官、印，因此癸、巳在六十甲子之中，言孤鸞煞是錯誤的，可能是木字的筆誤而造成，所以乙巳是為風火家人卦☴☲，因為乙木喜歡丙火，而家人卦☴☲中也有坎水為水火既濟☵☲，所以說乙木同時有丙火、坎水（水為乙木的印星），代表家庭和樂融融，且有凝聚之力。

附註：

　　呻吟煞（一名孤鸞煞主剋夫）四柱見者為是，以日柱見者為驗。

木火蛇無婿（乙巳、丁巳）、金豬豈有郎（辛亥）、

土猴常獨臥（戊申）、亦黃馬獨眠（丙午、戊午）、

黑鼠守空房（壬子）、木虎空居孀（甲寅）。

其中天干與地支之配，是因要組成六十甲子的干支之配而訂。

　　木（為甲、為乙）、金（辛）、土（戊）、赤（紅）、黃（為中為戊）黑（為暗為水）代表天干，生畜則代表地支。

　　此八個孤鸞煞是以日柱為主，傳統學術在月柱有此，代表父母親的兄弟姊妹有人沒有結婚，或是有人在小時候或未結婚之前就已往生，若在日柱是主宰自己會比較晚婚或不想結婚，在時柱則代表子女，所以以目前的社會來說，不要將孤鸞煞定位為離婚，而是晚婚之意。

　　因此所看到真正不好的神煞法，也不會影響凶象，而會引起凶象原因，是自己內心所引起的凶象，也就是所謂的鬧鐘原理，所以不要有事沒事就去算命，還叫命理師提示要注意什麼？開車本來就是要注

意交通安全,外出本來就要注意自身安全,平常居安就要思危,何須一定要由命理師口中說出來才要注意呢?

(六)風澤中孚卦☴☱卦序第 61 卦

中孚卦卦辭:中孚:豚魚吉,利涉大川,利貞。

彖傳:中孚,柔在內而剛得中。說而巽,孚,乃化邦也。豚魚吉,信及豚魚也。利涉大川,乘木舟虛也。中孚以利貞,乃應乎天也。

大象傳:澤上有風,中孚;君子以議獄緩死。

　　風澤中孚卦☴☱,上卦為乙木,而下卦兌為辛金,在地支代表酉金,酉位是先天坎卦,後天的兌卦,此宮位為庚、酉、辛,庚是透過申來彰顯,在六十甲子中,風澤中孚卦☴☱是有乙酉之象,組成天干則是乙遇到辛,而酉為成熟果實,乙木在成長遇酉金,代表乙木是有功能性,其功能就是讓其結成甜美果實,因此才稱之為中孚卦。

　　中孚卦☴☱大象為離卦(將上二爻、中二爻、下二爻,縮成一爻而成卦稱之為大象☲),而此大象離☲的作用,是來自於溫度,即果實要成熟,須透過火的能量、適合的溫度,所以在秋高氣爽的酉月(每年農曆 4、5、9 月是天氣最為溫和之時),可以享受豐

收的喜悅，但豐收之後如果急著享受，則乙木就將功成身退，因此中孚卦䷼只是短期獲利，是開始之初可以獲得利益，但獲得利益之後，接踵而來的是受傷的開始。

故八字有乙酉、乙木、或卯木者，在收成後不要急著享受，必須要繼續努力付出，因只要有火的存在，酉金的銳利就會受到阻礙，即辛金遇到丙火，其力道就會減弱，此處火的情性是要讓果實更為甜美，另一方面則是減少辛酉的銳利，避免乙木遭受傷害，所以丙辛（火澤睽䷥）組合是期待水的出現，而水的出現，代表辛酉銳利會消失不見。

◎上次提問女兒掉髮情事，醫師亦言是壓力過大，如請人照顧本身上班如此是否可以改善？

頭髮是為乙木，而所問之事也符合中孚卦䷼卦象，中孚卦是乙木結成果實，其含有辛金與酉金，因此有孿生雙胞胎之象，中孚卦䷼也是乙木結成果實之後，兌卦讓乙木（頭髮）產生傷害，因此就如前述只要透過丙火的情性，因有火的情性時乙木頭髮是在成長修護，所以只要到屋外走走曬曬太陽，就可減輕辛酉的銳利。

丙火也稱為大人,是代表上班之處,因此代表遇到上司,而從事工作代表本身也付出行動就可產生火的情性,如此乙木(頭髮)就可以再生長,內在壓力也就不會再大,如一直在照顧果實,乙木就會受傷,而從事工作則代表丙火出現,就可減少辛金的銳利傷害,因為這是心情轉換,也是壓力減輕,此象非凶象只要透過丙火就可以解決。

另外也可以雕刻圓形的木質丙巳印章讓其攜帶(木質須採密度較高者為佳,切記不可用牛角、金屬類的材質),印章偶而也可用紅色印泥抽蓋於紙上,再將蓋過之紙拿至屋外火化。(刻好圓形丙巳印章,可以先到廟中祈福,然後選在丁巳日的丙午時讓其攜帶,也就是在五日之後的丙午時),如此可轉化一些不好的氣,讓有形之物來化有形之象。

(七)風天小畜☰☰卦序第9卦

小畜卦卦辭:小畜:亨。密雲不雨,自我西郊。

象傳:小畜;柔得位,而上下應之,曰小畜。健而巽,剛中而志行,乃亨。密雲不雨,尚往也。自我西郊,施未行也。

大象傳:風行天上,小畜;君子以懿文德。

風天小畜卦☰☰如上下卦易位,則是為天風姤

☰☴卦，若用此二卦問感情，則代表容易有第三者，因小畜卦也有畜小之意，故含有第三者情形，此象是乙木與庚金不期而遇，所以天風姤卦☰☴為不期而遇，而小畜卦也含有此種情性。

從乙木角度庚金為正官，從庚金角度乙木為正財，因此這兩卦代表財與官，也代表了感情問題，故問感情代表容易有第三者，或是本身即是第三者，其情況為第三者容易進入自己的感情世界，如果問財代表乙木遇到庚是乙木看到果實，但庚金只是未成熟果實，所以由未、坤、申宮位，至庚、酉、辛宮位才是成熟果實，到了成熟之後是為風澤中孚☴☱。所以風天小畜☰☴與天風姤☰☴此二卦也代表是未成熟果實，因此也有做事僅做一半情形。

八字有乙庚之人，如沒有辛、酉，處事就很容易半途而廢；小畜卦☰☴上卦乙木代表被動，而下卦庚金為主動，所以說錢財、機會、感情會主動而來，而天風姤卦☰☴則代表自己主動，主動與被動其差別在於庚金之宮位，庚金在上卦就代表主體主動，在下卦則代表客體主動，所以問事業代表會主動的來，若問何時可以找到合適工作？所謂主動並非在家中坐就可以，而是必須釋放出找工作的訊息履歷，如此工作

就會自然而然的來，故在主動來之前，還是必須有火的能量，因火也代表主動之意，前述的風澤中孚卦☴☱大象為離，但風天小畜卦☴☰大象只是似離，因此庚乙、乙庚才會有，處事僅做一半情事，此二卦都必須在辛、酉出現時才可成熟。

◎問何時可以完成購屋？

因此二卦有僅做一半情形，故代表所看的房屋均尚不滿意，必須到了辛月或酉月時才可以完成，同時辛酉所代表天干、地支之數為8，所以也可以用8的數來論判，故可論8個月。

將難經變為易經第十五講（2015/12/09）

一、問題與解說：

◎已同居男女不知是否懷孕，當辦理迎嫁時，是否可用八卦米篩？另外使用八卦米篩有無其他限制？

　　所謂不知者無罪，故原則上不知情者並無所謂，嫁娶目的大都是在生兒育女，因此使用八卦米篩，目的在防止不好之物來投胎，但已懷孕者不可使用。使用過後的八卦篩如不願保留，也不要當成廢棄物任意丟棄，因為篩上畫有八卦圖騰，最好還是予以火化，以表示對天的一種尊敬。（八卦篩也有生男出丁的分別，故在購買時可加以指定）。

　　另外使用黑雨傘目的，是在隔開陽光照射（即阻隔太陽、丙火照射），以及不要讓他人見到，也是作為對天的一種尊敬，故使用黑雨傘情形，大都是在移動祖先牌主祿位阻隔陽光照射時，故他與八卦米篩作用是不相同的。

　　結婚當天新娘須持紅白各一的扇子，當新娘上轎（車）後，當轎（車）起動之時，將白色扇子擲於車外地外，留下紅色扇子，其意代表擲去原來的姓氏（白的諧音為爸），將換上夫家姓氏（紅的諧音為尪為丈夫），另外擲去白色扇子也代表將原有脾氣丟棄，純

潔的重新與丈夫生活。

有關雙姓的祖先牌主祿位如何恭奉（雙姓公媽是指家中祖先，有兩個姓氏來源或是過繼或是入贅，或是得人財產指定繼承奉祀，或是有恩於自我祖先發願祭祀...種種原因不一而足），一般祖先牌主祿位牌（公媽龕），最外面一片正中寫著，○○氏歷代祖先之牌位共十二個字，左下再寫陽世子孫奉祀共六個字，右下再寫○○年○月立共六個字（十二月代稱：正月端月、二月花月、三月桐月、四月梅月、五月蒲月、六月荔月、七月瓜月、八月桂月、九月菊月、十月陽月、十一月葭月、十二月臘月。），上方寫祖籍二個字，稱二生二老合一生，而內再裝設很多片的木片，以供填寫歷代祖先名諱。

如是招贅而產生雙姓，如分別有從父姓及從母姓子孫者，從父姓者就直接恭奉父系的歷代先祖，從母姓就恭奉母系的歷代先祖，也就是一開始就將之分開，因此也就無雙姓問題（但在內部的木片上，仍有招贅夫妻名諱填寫於其上），若因單傳或其他原因奉祀，則須分為兩個公媽龕與香爐奉祀，二者之間須加以間隔分開，最簡單可在二個公媽龕間用紅線作為分開，在祭祀時須分別準備貢品，不可用同一貢品祭祀。若因宗教的問題而有一方未能奉祀者，可徵求公

媽同意後，移往專門奉祀的廟宇祭祀。

　　參加他人喪禮告別式後，又要參加他人婚禮喜宴，在前講中已言參加喪禮告別式避邪方式，可依最方便方法使用，但因事後要參加喜宴，因此可以先到天公廟（大廟）祈禱祭祀，雙手過爐後再參加，因天公廟（大廟）代表丙（丁）火可以去除污穢。

　　一般丙巳或丙午的通關（以有形物來轉化八字之能量稱之通關或稱奇門遁甲），是因此二者都是代表太陽或火的能量，而火的能量是圓的，因此基本上丙巳或丙午、辛酉金部分都會用圓形的，若是本身過於忙碌，為求讓其穩定及短暫休息，當然也可用方形丙巳或丙午，因為方形代表可以穩定下來，另外木土的用意是要讓他穩定，因此大部分會用四方形。

　　通關之物其配掛之線，會配合所刻之顏色，如屬木就用綠色線，丙巳或丙午屬火就用紅色，而土的顏色就可用黃色，辛酉因白色線易髒，因此可用綠色線，若每個顏色皆想要，則可用五色線（依順排木、火、土、金、水）為之，有時也須依所需的主體，做為配線基礎，例如辛巳如主體為巳就用紅色線，若主體為辛金則用綠色線。

通關之物並非是填補不足五行,譬如八字為乙卯、辛酉(日主)、甲午,此八字之中也有木,但在一般情形下,因為要讓辛酉更為穩固,雖其中已有甲、乙木,但還是會用甲辰或甲寅,因用甲辰目的是來穩定甲午,使其溫度不會太高,而讓辛酉受傷,因為辛酉會因為午、未、申的高溫而受傷,因此透過辰可以穩定甲,辰與酉是屬先後天的兌卦,因此又有辰酉合,且甲午在遇到庚金、申金時,就無法很穩定,尤其是遇庚午、庚申、壬申,因此用甲辰或甲寅可讓其更為穩定,用此種方法目的,是在穩定其內心的作用,所以可說是一種心靈療法的屬性。

另外甲午之卦象,為雷火豐卦䷶,在雷火豐卦䷶大象辭:「雷電皆至,豐;君子以折獄致刑」,何以會說必須立即的折獄致刑(折獄致刑意為立即審判定讞,交付執行),目的是在付出努力豐收之期,偷竊違法者如不立即執刑,則會產生模仿效應,而導致不可收拾後果。

丙巳在所有的五行(木、火、土、金、水)是為主宰,也就是木、火、土、金、水必須透過丙巳才有生命,因為太陽(丙巳)照射海洋,可以產生水循環,讓水有溫度磁場,而成為可以使用的水,故稱火來生

水，為水火既濟▤▤。

　　而木也須太陽（丙巳）照射才能成長，所以稱為火來生木，稱之雷火豐卦▤▤。

　　而土地也須太陽（丙巳）照射，才能將病菌、病毒消除，讓土壤有生機，稱之火地晉卦▤▤。

　　金如果沒有太陽（丙巳）照射，就沒有辦法產生氣流，果實沒有辦法成熟，所以果實也須太陽照射，才能由庚金變成辛金、酉金，稱之火天大有卦▤▤，

　　火如果沒有太陽（丙巳）照射，其溫度無法持續，稱之離為火卦▤▤。所以木、火、土、金、水五行，都必須要有丙巳的能量，才有足夠的氣育化萬物。

二、易經六十四卦解說：

（一）坎卦▤▤卦序第 29 卦

坎卦卦辭：坎：習坎，有孚，維心亨，行有尚。

彖傳：習坎，重險也。水流而不盈，行險而不失其信。維心亨，乃以剛中也。行有尚，往有功也。天險不可升也，地險山川丘陵也，王公設險以守其國，坎之時用大矣哉！

大象傳：水洊至，習坎；君子以常德行，習教事。

　　坎遇坎稱之坎為水▤▤，而此坎水是有溫度的，

因太陽運行從東方（離卦）昇起至西方（坎卦）下沉，此段期間水是會吸收太陽熱能而有溫度（坎卦二、三、四、五爻也有似離卦卦象組合，因此也代表有丙火熱能的存在），但如是在晚上，尤其是在亥時卜到坎卦，則代表其溫度是不見了，就如前講所述雨天卜到離卦䷝，代表火的情性受傷，所以白天卜到坎卦，代表是有溫度的，因為他已儲存了太陽能量，所以說時空是一種最主要的動爻。

在坎卦二、三、四爻的下互卦為震木，此處的震木並非真正的木，而是代表種子，在先後天八卦卦位坎兌是為同宮，而兌是代表成熟的果實，在果實之中則有種子存在，因此表示在坎水之中，夾帶了具有生命的東西，因此此處震木並非真正的木，而是代表為具有生命的東西，此象如同於地支亥水中所藏之壬申，而有生命東西就代表了有火的情性，因此他是有能量、有溫度、有磁場的，而震木之位是來自於先天離卦，因此震可以是生命磁場。

另外在卦中的互卦，所看到的卦象，是不能完全代表是所看到一切事物，因為水中之木，是代表受限制的，在地支的亥是為甲木的長生，甲木之所以長生在亥，是代表為剛萌芽的種子，只是代表有生命東西

存在，而非代表真正的木，所以互卦所顯現的，並非是真正的存在，有時是代表了另外的一個形體的演進，因此解卦一定要瞭解天干、地支之義涵，才能更精準迅速。

　　將坎卦☵前後平鋪，是為前後相對，因此是具有相同屬性，而坎卦☵上卦可代表為癸水，而下卦可為壬水，然而何以用此組合，是因上卦水代表是由天而降的癸水，然後到了地表以後，是為流動的壬水，因此上下卦就分別代表癸水與壬水之象，二者若組成干支，也有癸亥之意，但癸亥就比較象晚上的時間，如坎卦下互卦的震木，是為亥中的甲木，若在白天就不象癸亥，而成了壬子之象，故占到坎卦時間遇雨（晚上）則是癸亥，若是晴天（白天）則代表壬子，所以時間、空間、氣候就可做動爻，而不須另有其他動爻就可加以論判。

　　以坎卦問考試成績，因坎卦是前後屬性相同，因此代表其成績與前一次是相同，若要區分當然是上為癸，下為壬，若要問是否可以交到女朋有，因癸水從天而降，就會融入了壬水之中，因此若發現男生不回家，就代表現已有女朋友且已經在一起，二者之間感情也是很投入的。

（二）水山蹇卦 ䷦ 卦序第 39 卦

蹇卦卦辭：蹇：利西南，不利東北；利見大人，貞吉。

彖傳：蹇，難也，險在前也。見險而能止，知矣哉！

　　　蹇利西南，往得中也；不利東北，其道窮也。

　　　利見大人，往有功也。當位貞吉，以正邦也。

　　　蹇之時用大矣哉！

大象傳：山上有水，蹇；君子以反身修德。

　　水山蹇卦 ䷦ 有水從高山往下情形，而水從高山而下，就會遇上崎嶇路徑，所以就有寸步難行的狀況，因此就有寒足之象，因為寒足難行故稱之為蹇 ䷦ ，由上下卦組合而言，代表水要從山而流下，必會經過一些波動。

　　若占此卦問智慧，則代表智慧是很高的，因為高山之水，會順著山勢往兩邊流動，故代表此人思路與分析是多元的，所以蹇是代表相當的有智慧，因此在事業上是很會經營的，懂得以智取勝，所以也可說是具有老闆之命。

　　將水山蹇卦 ䷦ 平鋪，在天干上是癸水遇到戊土，而戊遇癸為戊癸合，在傳統學術是合化為火，但二者並非是真正的合化為火，而是在期待火的能量，因為有火的能量，山上之水才不會快速往下流逝，當山有

了溫度時才能稍為儲存水，如果山沒有溫度，水就會快速流逝。

如數字牌抽到 10（10 在天干排序代表癸，可用 0 來表示）與 5（5 在天干排序代表戊土），占問生意情狀，是代表生意很好，因為高山會聚集雲霧產生水資源，而水（水代表財）會往自己方向而流，是水自己來的，另外從癸角度戊為官星（事業、責任），也有客人、金錢會自己來之象，故說生意是很好，若問感情也是代表感情會自動而來。

從癸角度遇到正官星的戊，也代表此份工作，不會來約束自己，因為戊土正官沒有辦法約束癸水，但如在地支的屬性就不同，如是遇到辰與子，從子角度戊為官星，在藏干之中辰代表戊，而子代表癸，因此兩者的屬性是相同的，因此從子水角度辰土也是代表官星，但他情性則是子入辰，代表在工作上會以公司為家，在工作上是非常的認真、用心且不知休息，所以說天干與地支兩者屬性是不同的，而最大不同是當戊土為主體時是在釋放，當辰為主體時是代表收藏。

蹇卦在《易經》六十四卦之中，是四大難卦之一，但在運用上並不像易卦所言那麼凶險，蹇☵☶是代表

智慧是懂得變化,懂得隱藏自己的實力、懂得以智取勝的卦。

在十二辟卦之中,坤卦☷☷代表十月卦,也就是亥月,而亥是代表完全沒有陽爻,坤卦在先天卦位為北方,而亥在五行為水,而北方在後天卦位則為坎卦,所以坤卦☷☷在十二辟卦為亥,坤代表土在十二辟卦為亥,故坤卦與坎卦在先後天是在相同宮位,因此坤卦有亥的情性,代表坤土暗藏了很多的水。

水地比卦☵☷主體在於水,當主體在水時,若其要與坤土親比,則主動權是操之在我,來與他親比是代表將其視為朋友,因此主體為水時是為比,若主體為坤土時,是水主動來侵伐,因是未經坤土同意,而水又主動而來,因此坤土就會有壓力,就會有一種被侵犯的感覺,因此就稱之為師,所以卦的屬性與主客體間有極大關係。

比卦與師卦二者,是在主客體感受的不同,而此兩卦也都是很好的卦,在比卦有透過朋友賺取財富之象,而師卦則是錢財主動而來,是己土與壬水之關係,也代表了此二人可以共依共存,是不會產生讓坤☷土沒有辦法承載的土石流,坤土☷是厚德載物是可

以承載無限的東西，代表坤己土可以承載任何東西，
所以己壬是沒有土石流情性，但在傳統學術上認為己
土為薄土，是無法抵擋壬水，這是錯誤的理論，反而
是高山的戊土，是沒有辦法承載壬水，因為壬水會造
成潰堤而產生一發不可收拾的土石流。

在大自然的屬性當中己壬是共依共存，如兩者不
能共依共存，地球經過壬水不停切割早已不復存在
了。如立於水流動的河床之中，可感受到爛泥被沖刷
而流逝，但河床卻是堅硬無比的，所以沖走後所留下
的東西，是兩者可以適應的，故雖說彼此生活模式不
同，但何以能共同生活在一起，是代表他們找到了共
同的生活方式。

反之己土遇到癸水，因癸水不會流動且是從天而
降，因此會讓己土成為爛泥巴，所以師卦☰☰是為壬
水而非癸水，因壬水才有主動侵伐能力，癸水從天而
降，雖具有侵伐能力，但其力道不強，所以師卦☰☰
與比卦☰☰，是強調壬水而非癸水，而比卦之水從天
而降，當然也有癸水情性，但因其主體是在強調因癸
所聚集而成的壬水。

（五）水雷屯卦䷂卦序第 3 卦

屯卦卦辭：屯：元亨，利貞，勿用有攸往，利建侯。

彖傳：屯，剛柔始交而難生，動乎險中，大亨貞。雷
　　　　雨之動滿盈，天造草昧，宜建侯而不寧。

大象傳：雲雷，屯；君子以經綸。

　　水雷屯卦䷂是水困木而非水來生木，於天干之
屬性為壬配甲之組合，干支為壬寅，含有寅亥合的情
性，在傳統學術上認為寅亥合是好的，是可以合化為
木，但在老師個人研究上，認為寅亥合是合化為死
木，因為此一組合是為水困木，所以是孕育初生的生
命之象，屯卦是生命的開始，而非長成；如上一講寅
木在塔羅牌中代表死神之牌，故水來困木是讓木受傷
而非合化為木，所以在寅亥合的水雷屯卦䷂中，必
須透過火能量才能蘊養有生機。

　　此卦如言頭腦則是代表聰明的，能力也是不錯，
唯一的是必須找到合宜時間，才能有所發揮，如前幾
講中所說，八字中有水木之人學歷會很高，但學歷高
並不等於是能力高，所以要有所發揮，必須透過火的
能量，然而在水雷屯卦䷂中火的存在非常不足，所
以他是受限的，必須等到火的流年才能有所發揮，因
此此卦是代表被困住的，被困住意義也有貨物是無法

流通的,也代表☵水來困木,所以**大象傳:雲、雷屯(密雲不雨,雷則潛伏之象);君子以經論。**經論即要照軌道走、常理而行,就能直達離卦之火,木才能脫離水困。

如占問感情,有整天在一起,但就是不結婚的屯象,是代表感情很好。

另有同學收到簡訊,言須注意丈夫的行為,因其是走到官煞的流年,或許是朋友間的好意提醒,但無形當中已製造了壓力,然而何謂走到了官煞,就以水生木的水雷屯卦☵☳來說,此卦雖是水生木,但並不代表就是好,所以官煞也未必是不好。

收到簡訊同學是為乙日生,因明年為丙申年,申為乙的正官,丙為乙的傷官,稱之傷官剋官為禍百端,所以才有人對其言是走到官煞年,但在我們的學理之中,乙木遇到丙申是風天小畜卦☴☰,是我可以獲得果實,唯一就是獲得果實尚未成熟,但因為有丙火的驅動,因此對乙日者來說,明年是好的流年,然而傳統上認為乙丙、乙申是傷官剋官,因此就有傷官、剋官,為禍百端的說法,其實這些是不正確的。因此平時在幫人論判時,切忌言行及應注意何事,因

為如此就會產生所謂的鬧鐘原理，使人產生無名的壓力，自己平時也不要無事，要求他人告知自己應注意何事。因為這只是徒增困擾而已。

明年為丙申年在整體大環境，是只要付出就可以大豐收，並沒說是火剋金而是火天大有☰☰，代表丙火可以驅動申金，丙火可以掌握申金，因此在丙申與地支的象是巳申合，而巳申在傳統是合化為水，但何以二者合化為水呢？

巳與申之合也就是期待水的出現，是因巳申為勞動之星會忙碌不停，如能用水來降溫（意為稍事休息），就可不必如此的忙碌，可做短暫休息，也就是庚金遇水則止原理，也就是太陽遇水可以做短暫休息，即在忙碌當中可讓情緒及心理得到短暫休息。

明年怕的是八字中有寅又遇到庚申，因此有此八字者，不論是在年、月、日、時各柱，必須透過戊辰才可以轉化，因為丙申是會破壞寅，故要透過戊辰轉化，若八字中有戊土、丑土、戌土、辰土，本身就可以加以轉化，如無此八字那要如何辦理呢？只要刻戊辰之章來祈福通關攜帶即可有所轉化。

　　流年、流月、流日、流時是無時不在變動，所以只要以靜制動，那就沒有凶象，因為吉、凶、悔、吝生乎動。如房屋時時刻刻在經過凶方，即氣是時時刻刻的在流動，所以每一時辰都有凶方，但只要不去變動他就不會有凶象，如屬虎之人其上班情形非常的好，到了丙申年無緣無故換工作，這就是所謂的變動就會有凶象，其如果不變動在現象上，只不過是責任較多而已，然而雖多承載一些責任，但相對也會獲得更多的學習機會，此即所謂以靜制動就能化解一切的形煞。

　　明年是丙火驅動申金，所以從寅的角度水代表印星，因此只要把此責任、壓力轉為學習，如此就成為官印相生，因此遇上不好流年，就須學習新事物，因學習是代表印星，而不好流年稱之為官煞年（文王卦稱之為官鬼爻），也就是所謂的正官、七殺，既然知道時空剋我沖我，就可以用學習新事物的印星，來讓其官印相生而加以轉化，如此官星就會變成是好的，變成可以獲得利益與知識，所以遇到官煞之年，只要不去引動，要以靜制動，採取正確處置方式，也是會沒有事故的。

任何事只要以靜制動，不變動就會沒有凶象，在變動中可能會有沒有辦法預期的狀況產生時，就要以靜制動，如他人言來我的公司服務，而自己並不知好壞，如是為寅申沖就不要變動，反之如果是申遇到寅那變動就是好的，反而是申可以掌握寅，所以不好的流年，就不要變動，相反好的流年就儘量變動，如此氣才會連接；但要特別注意的是氣很旺時，房子、住居、辦公室不要隨便變動。這也就是《易經》上所言的吉凶悔吝生乎動。也就是任何事物，須動才會引動其吉凶。

在水雷屯卦 ䷂ 而言是須透過火將水重新蒸發，但也可以透過戊土將水過濾，所以在卦位上先天震卦是為後天的艮卦，其目的就是在防止木的受傷，因為艮是在阻隔北方宮位的坎水。所以在先天之中要防止水困木，在後天就築了艮土，讓艮來穩定震木，因此卦象宮位為丑、艮、寅，此就是在顯示震需有艮才能變為寅，才能破土而出由寅到甲到卯走到離為火的光明大道。

在擇日學中艮卦中線以西才是北方，即艮兼丑為北，而艮兼寅則為東，故先天就加以安排妥當，因此雖是水雷屯卦也無須驚慌，只要遇到流年、流月、流日、流時為土時，就可以有所轉變，流年、流月、流

日、流時為火時就可脫穎而出。所以在大自然的情境
下，在我們遇到所認為不好的卦時，都會另闢生機，
因此占到不好的卦，也不用心灰意冷，只要依時順勢
而行，就可逢凶化吉。

（六）水火既濟卦䷾卦序第 63 卦

既濟卦卦辭：既濟：亨，小利貞；初吉終亂。

彖傳：既濟，亨，小者亨也。利貞，剛柔正而位當也。
　　　　初吉，柔得中也。終止則亂，其道窮也。

大象傳：水在火上，既濟；君子以思患而豫防之。

　　水火既濟卦䷾反之卦為火水未濟卦䷿，將此
卦平鋪就如海南、南（☲離卦宮位在南）海（海為水、
為坎卦）之地名，有言不到海南，不知身體之不足，
此語看似詼諧，但其實有其內在含意，在水火既濟卦
䷾中，從水角度在十神法中火是財星，而財也代表
感情，如此就有到了海南，有水將會被蒸發而乾枯的
情境，因此才會發現身體水份不足，所以看似詼諧但
有其意涵，乃是水與財、感情之關係。

　　當主體在火時，水就成為官星，因此與海南之
意，就完全不同，因為水火既濟卦主體在財、感情，
而火水未濟卦則是在官、責任，官與財二者屬性是完
全不同，財星代表感情、美色、美的東西，而官星則
是代表責任、約束，所以情性是不同的。

在水、火中,如果水為癸水,此水就會讓太陽(丙火)忽晴忽雨,因此癸巳(太陽)就含有忽晴忽雨的情性;如果是為壬水與丙火,或代表壬午,如此壬遇到丙,就有辦法把財變大,因此癸巳或壬午此二柱,癸巳很容易理財不當而損財,但壬午能把財變大。故壬午與癸巳雖皆是水火、正官、正財,且癸巳雖有正官、正財、正印(因巳藏天干丙戊庚,巳是來自於丙的祿位,戊也來自於祿位,而庚金為巳的長生位),但他卻會把財變小,而壬午有丁是為正財,有己土是為正官,但他卻可把財變大。雖一樣是所謂的水火既濟▦▦,但兩柱屬性確是完全不同,這是因為卦配合干支才能有更細微之分辨。

所以有時在用天干、地支屬性,此癸巳既然會把財變小,如此就不能以上卦為起點,因此癸巳就成為火水未濟卦▦▦,而壬午就為水火既濟卦▦▦,如此雖然天干都是屬水,而地支都是為火,然而二者情性卻已是大大的不同,這個理由如果沒有天干、地支連結《易經》,或《易經》連結天干、地支是無法窺其窮理的。

(七)水澤節卦▦▦卦序第60卦

節卦卦辭：節：亨。苦節，不可貞。

彖傳：節，亨，剛柔分，而剛得中。苦節不可貞，其道窮也。說以行險，當位以節，中正以通。天地節而四時成，節以制度，不傷財，不害民。

大象傳：澤上有水，節；君子以制數度，議德行。

　　水澤節卦 ䷻ 的下卦兌卦代表酉金、辛金與辰，下卦的兌為澤，而澤為水庫，因此辰也為水庫，故辰有兌卦情性，在先天兌卦 ☱ 宮位，是後天辰、巽、巳的宮位，故辰也有兌宮水庫之義；水澤節卦 ䷻ 是代表水太旺太多，因此必須透過沼澤、水庫來加以調節儲存，因此於天干、地支六十甲子之象就含有了壬辰及癸酉之象。

　　在 2015/11/11 第十一講言及樓層法如透過天干，因天干有十個數字，故十層以上大廈其算法，由下往上分別為 1、2、3、4、5、6、7、8、9、10，十一層以上依序循環再由 1 開始起算，當然也可用 11、12、13 代表，而第 21 層則用 21、22、23 代表，然後再次第而上，譬如第十三層樓用天干換算就是甲丙（13），而 5 樓就可為癸戊（05），如第 33 層樓則是丙丙，或許有的會以河圖、洛書之數（16 水、27 火、38 木、49 金、50 土）來算，但其象沒有天干數來得適宜，因為樹木是由下往上生長，所以用天干甲、乙、

丙往上方式是比較合宜的。

假如以門牌號換算，則 26 號是屬地風升卦▦，當然也有風地觀▦的象，故可以說此二者情性是同時存在的，唯一不同就是要看當時目的、行為或情性做論判，如是要觀察事物，抽到 2 與 6，因是以觀察細微為主體，如此當然就要用風地觀卦▦的象，然而觀察之後，知道了缺失而進行改進，因此就可修正錯誤，而就會將有所改變、調整、進步提升，因此就變成地風升卦▦，要知道地風升卦的意義，就是把不好的變成好的，把原來好的加為更好，但要如何改變除上述方式外，當然是要透過卦象、時空，等因素來加以改變。

宇宙間的符號「將難經變為易經」的課程，從 104 年 3 月起在國立台南生活美學館（前社教館）附設長青生活美學大學的上課實錄，由蕭錫淵師兄辛苦整理編著，除了完整的上課內容，並加入了蕭大哥的心得及補充資料，本書是 104 年度 9 月起的第二輯，從 105 年 3 月起第三輯之後是陸陸續續完整的六十四卦卦爻、爻辭及四傳之精彩解說，用最生活化、最自然的論點剖析，希望各位同好帶著快樂學習的心，共同來研究，並「用之於生活、學易有成」

太乙（天易）老師經歷簡介

經歷： 79年成立太乙三元地命理擇日中心，開始從事命理
諮詢、陽宅、風水、堪輿服務，目前積極從事推廣五
術教育，用大自然觀象法理論教學及諮詢服務。
台南市救國團命理五術指導老師

現任： **台南市國立生活美學館（前社教館）授課老師**
附設長青生活美學大學（前社教館）授課老師
高雄市救國團(高雄學苑)命理八字　指導老師

太乙（天易）老師著作簡介

◎七九年統一日報命理專欄作家，著作「果老星學祕論」
◎八十年著作中原時區陰陽對照萬年曆，文國書局出版
◎九九年十月著作的中原時區陰陽對照彩色版萬年曆
◎一百年八月著作「窮通寶鑑評註」，筆名：太乙 。
◎一百年十月著作「八字時空洩天機-雷集」。雅書堂
◎一零一年三月出版「八字時空洩天機-風集」。雅書堂
◎一零一年七月出版「史上最便宜、最豐富、最實用彩
色精校萬年曆」易林堂。以下都由易林堂文化出版
◎一零一年八月出版《教您使用農民曆》易林堂出版
◎一零一年九月出版《教您使用農民曆及紅皮通書的第
一本教材(上冊)》。易林堂文化出版
◎一零一年十一月《解開神奇數字代碼一》易林堂
◎一零一年十二月《解開神奇數字代碼二》易林堂
◎一零二年元月《八字十神洩天機-上冊》易林堂
◎一零二年七月《八字決戰一生/生肖占卜篇上、下冊》
◎《八字決戰一生/生肖占卜下冊專解篇DVD教學》
◎一零二年九月《八字決戰一生/先天易數白話專解篇》
◎一零三年四月《八字十神洩天機-中冊》易林堂
《八字決戰一生》系列全套書籍，陸陸續續出版中
◎一零三年九月出版「八字時空洩天機-火集」雅書堂
◎一零五年三月出版《宇宙間的符號:將難經變為易經
第一輯、第二輯 》易林堂